크리스천의 연애

크리스천의 연애

지은이 | 박수웅
초판 발행 | 2013. 1. 29.
개정 3쇄 | 2023. 6. 7.
등록번호 | 제1988-000080호
등록된 곳 | 서울시 용산구 서빙고로 65길 38
발행처 | 사단법인 두란노서원
영업부 | 2078-3352   FAX 080-749-3705
출판부 | 2078-3331

책 값은 뒤표지에 있습니다.
ISBN 978-89-531-4513-9   03230

편집부에서 독자의 의견을 기다립니다.
tpress@duranno.com   http://www.Duranno.com

두란노서원은 바울 사도가 3차 전도여행 때 에베소에서 성령 받은 제자들을 따로 세워 하나님의 말씀으로 양육하던 장소
입니다. 사도행전 19장 8-20절의 정신에 따라 첫째 목회자를 돕는 사역과 평신도를 훈련시키는 사역, 둘째 세계선교(TIM)
와 문서선교(단행본·잡지) 사역, 셋째 예수문화 및 경배와 찬양 사역, 그리고 가정·상담 사역 등을 감당하고 있습니다.
1980년 12월 22일에 창립된 두란노서원은 주님 오실 때까지 이 사역들을 계속할 것입니다.

박수웅 장로의 성경적 연애 특강
크리스천의 연애

박수웅 지음

두란노

성경적 가치관으로
배우자를 찾으십시오

제가 청년 사역을 시작한 지 32년이 넘었습니다. 코스타 강사로는 23년 동안 활동했지요. 저는 1년에 9개월 이상 전 세계를 돌아다니며 수많은 청년과 대화를 나누었습니다. 제가 만난 청년들 중에는 결혼 문제로 고민하는 청춘들이 많았습니다. 어릴 적 상처 때문에, 너무 바빠 만날 틈이 없어서, 짝사랑하는 이성에게 어떻게 표현해야 할지 몰라서 등 고민거리들이 많았습니다. 저는 그들을 만나 각자에게 맞는 솔루션을 제시해 주었습니다. 제가 만남을 주선해서 결혼한 커플도 있고, 상처 문제를 극복하고 좋은 이성을 만나 결혼한 커플도 있고, 짝사랑하던 이성에게 적극적으로 대시해서 이루어진 커플도 있었습니다.

요즈음 결혼하지 않는 풍조가 전 세계에 유행하는 것을 느낍니다. 특히 한국은 다른 나라보다 더 심한 것 같습니다. 저는 이러한 현상을 보면서 심히 우려가 되었습니다.

신문에 보니 35세까지 결혼 안 한 사람은 35-49세까지 결혼 안 할 확률이 72퍼센트라고 합니다. 35세 이전에는 결혼할 기회들이 많은데 이러저러한 이유로 거절하고, 그러다 보니 그 이후에는 결혼할 수 있는 확률이 적어집니다. 소극적인 사람은 그 기회마저 적습니다. 그러니 이제는 적극적으로 결혼 전선에 뛰어들어야 합니다.

　많은 형제자매들의 결혼이 늦어지는 이유가 뭘까요? 저는 청년들을 보면서 잘못된 가치관과 많은 상처들이 결혼을 가로막고 있는 것을 보았습니다. 이것이 사탄의 계략입니다. 하나님은 "생육하고 번성하여 땅에 충만하라"(창 1:28)고 하셨는데 사탄은 쾌락을 누리며 자유롭게 살라고 속입니다. 그러면 우리는 크리스천으로 어떻게 해야 하겠습니까?

　먼저 세속적인 가치관을 버리고 성경적 가치관으로 무장하십시오. 크리스천이 성경적으로 살지 않으면 불신자보다 더 악하게 될 수 있습니다. 일각에선 신앙인과 결혼하지 않아도 된다는 목소리도 있지만, 저는 오랫동안 많은 사람들을 만나면서, 신앙만큼은 결코 양보하지 말아야 한다는 사실을 깨달았습니다. 불신자와 멋있게 결혼하지만 나중에 신앙 때문에 큰 갈등을 겪고 이혼하는 커플을 얼마나 많이 만났는지 모릅니다.

성경적 가치관으로 배우자를 찾으면 금방 결혼할 수 있습니다. 결혼, 어렵지 않습니다.

두 번째, 절대 이상형을 찾지 마십시오. 이상형은 없습니다! 결혼식을 영어로 'wedding ceremony'라고 합니다. 중요한 '결혼'이란 말을 고유명사로 만들어 쓰지 왜 '결혼하다 wed'에 진행형인 'ing'를 붙여서 불완전한 단어를 만들었을까요? 그 이유는 이상형을 만나서 왕자 공주처럼 사는 것이 아니라 부족한 사람들끼리 만나서 완성을 향해 가는 진행형이 결혼생활이기 때문입니다.

많은 이들이 모두 자기를 행복하게 해줄 사람을 찾지만 크리스천은 관점을 바꾸어야 합니다. 나를 행복하게 해주면 나도 당신을 행복하게 해주겠다는 건 사랑이 아니라 거래입니다. 많은 사람들이 결혼을 못하는 가장 큰 이유는 사랑이 아니라 거래를 하기 때문입니다. 사랑은 거래도 아니고 뇌물도 아니며 결단이고 신뢰입니다. 그러므로 누리는 배필, 공주 왕자 배필을 찾아 헤매지 말고 서로를 성장시킬 수 있는 돕는 배필을 찾으십시오.

교회에서도 독신 남녀를 위해 노력하시기를 부탁드립니다. 과거에는 교회에서 데이트하면 "교회가 연애당이냐?" 하며 연애를 못하게 막았던 적도 있었습니다. 하지만 교회 안에서 결혼하지 않으면 어디서 짝을 찾아 결혼하겠습니까? 교회는 적극적으로 믿음의 형제자매들을 결혼시켜야 합니다.

가만히 앉아 있으면 짝이 오지 않습니다. '행주치마 입에 물고 입만 방긋' 하면 아무도 눈치 채지 못합니다. 마음에 드는 상대에게 찾아가 고백하십시오. 적극적인 자세로 나아가야 합니다.

이 책은《우리… 사랑할까요?》를 업그레이드시켜 결혼이 늦어진 독신 남녀가 읽기 좋도록 했습니다. 처음에는《독신 탈출, 결혼 정복》이란 제목으로 출간했지만, 그 후 내용을 조금 보완하여 새로운 이름으로 출간하게 되었습니다. 우리 삶 자체가 하나님의 은혜입니다. 하나님께서 눈에 콩깍지를 씌우신 바로 그 형제, 그 자매를 만나게 되기를 바랍니다.

이 책을 읽는 모든 사람이 하나님께 뜻을 정하고(단 1:8), 결혼 작전에 돌입하길 바랍니다. 1년 안에 다 결혼할 수 있습니다. 그리고 짝을 찾는 기간 동안 독신 기간을 행복하고 의미있게 보내시길 바랍니다.

지금까지 돕는 배필로 저를 성장시켜 준 사랑하는 아내에게 감사를 전합니다. 책이 출간되기까지 수고해 준 두란노 편집팀, 함께 사역하는 모든 동역자들에게도 감사드립니다.

2015년 12월
박수웅

contents

PART 1
결혼하고 싶은
당신에게

PART 2

매력 있는 독신 기간,
이렇게 보내라

PART 3
나의 배우자,
구하고, 찾고, 두드리라

PART 4

결혼을 위한 실전,
지혜롭고 순결하게 만나라

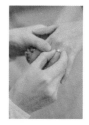

PART 5

Case by Case Talk 224

PART 1

결혼하고 싶은
당신에게

Chapter 1

먼저 나를
들여다보라

어느 코스타에서 한 목사님이 교회 자매 중에 35세가 넘어 배우자 기도를 하고 있는 사람이 20여 명 된다며 저에게 도움을 요청했습니다. 이들이 오래 전부터 모여서 함께 기도하며 배우자를 찾고 있지만 아직 아무도 결혼하지 못했노라며 조언을 구했습니다. 아버지의 마음으로 자매들을 안타까워하는 목사님의 진심이 느껴져 저 역시 안쓰러웠습니다.

교회에 들어가니 자매들이 둥그렇게 앉아 기도하고 있었습니다. 기도가 끝날 때까지 기다렸다가 저는 이렇게 물었습니다.

"기도하는 모습이 보기 좋습니다. 그런데 어떻게 기도하고 있어요?"

어느 자매가 배우자 조건이 적힌 종이 한 장을 보여 주었는데, 거기에는 배우자의 조건 50가지가 빼곡히 적혀 있었습니다. 키는 몇 센티미터고, 직업은 안정된 전문직에, 외모는 인상이 좋은 형제…. 완전히 자기 이상형을 써놓고 그런 사람을 달라고 기도하고 있었던 것입니다.

"자매님, 이렇게 기도하니 아직 결혼을 못한 겁니다. 이렇게 완벽한 사람은 없습니다. 드라마에나 나오는 환상입니다."

저는 강의나 집회에서 만나는 청년들에게 어떤 배우자를 찾는지 물어보곤 합니다. 대부분이 "신앙 좋은 사람이면 됩니다" 하고 이야기합니다. 그래서 그런 사람을 소개하면 돌아오는 대답이 "스펙이 약해서 안 되겠어요. 외모가 비호감이네요"입니다.

많은 크리스천 형제자매들이 성경적인 기준이 아니라 세상적인 가치 기준으로 배우자를 구하고서도 자신이 무얼 구하고 있는지 모릅니다. 직장에서 만나는 사람들 중에 멋있어 보이는 남자가 얼마나 많습니까? 리더십 있게 일을 진행하고, 샤프하고, 옷도 깔끔하게 입습니다. 술자리에서도 얼마나 재미있게 농담을 하며 분위기를 맞추는지요. 이렇게 불신자이지만 세상적으로 멋있어 보이는 남자들을 보다가 교회에 오니 형제들이 나약해 보입니다. 신앙은 좋아서 기도하다 울기도 하고 하나님을 사랑하는 것 같지만, 리더십도 없고 바람에 나부끼는 갈대처럼 나약해 보입니다. 학벌도 별로, 직장도 별로, 외모도 별로입니다. 그러니 자매들이 "교회에 형제가 없어요" 합니다.

또한 형제들은 자신이 원하는 긴 생머리에 예쁘고 나긋나긋한 자매가 교회에 보이지 않고, 대신 신앙은 좋지만 마치 여전사 같은 자매들만 있다고들 말합니다. 자매들이 여자로 느껴지지 않고 누나나 엄마로 보인다고 하더군요. 반면 자신이 여러 가지로 부족하다고 생각하여 용기를 내 자매에게 데이트 신청을 못하는 형제도 많습니다. 그들은 "제가 부족해서요….." 하며 교제를 망설입니다.

제가 어느 교회의 청년부에 강의하러 갔었습니다. 청년부가 70-80명이었는데, 대부분 30대였습니다. 이 교회 청년부 형제자매도 모두 약속이나 한 것처럼 "우리 교회엔 사람이 없어요" 했습니다. 제가 이틀 동안 집회를 하면서 배우자를 찾는 성경적인 기준을 잡아 주었습니다. 그랬더니 1년 후에 그 교회 청년부에서 10쌍 이상의 커플이 나왔습니다.

그렇습니다. 우리는 세상의 가치관이 아닌 성경적 기준으로 세상을 보아야 합니다. 외모나 스펙 등 세상적 가치관이 아니라 그 사람 안에 들어 있는 보석을 발견하는 지혜를 가지길 바랍니다.

여러분은 결혼이 무엇이라고 생각합니까? 나를 행복하게 해주는 사람을 만나는 것입니까? 완벽한 사람을 만나는 것입니까? 결혼은 내 환상 속에만 존재하는 사람을 만나는 것이 아닙니다. 부족한 사람을 만나서 함께 가꾸어 가는 과정이 결혼생활입니다.

이제 이야기의 방향을 바꾸어, 어떤 이유로 많은 형제자매들이 독신으로 사는지 살펴 보겠습니다.

첫째, 독신의 은사를 받았기 때문입니다. 바울이 그랬습니다. 마더 테레사, 성 프란시스도 마찬가지입니다. 독신으로 살면서 큰일을 해낸 사람들입니다. 김활란 박사나 고황경 박사는 독신이었기에 각각 이화여대와 서울여대 총장으로서 대학을 잘 이끌 수 있었습니다. 이분들이 만약 기혼자였다면 해내지 못했을 것입니다. 이런 사람들은 특별한 은사를 받은 분들입니다. 독신의 은사 덕분에 큰 사명을 잘 감당할 수 있는 것은 무척 좋은 일입니다. 그러나 결혼하고 싶은데 오래도록 배우자를 만나지 못했다고 "나는 독신의 은사가 있나 보다" 하고 판단해서는 안 됩니다. 독신의 은사는 특별은사라는 것을 기억하십시오.

둘째, 열심히 공부하다가 이성을 만날 기회를 놓친 경우입니다. 마음속으로는 늘 결혼을 꿈꾸지만 현실 생활이 너무나 바쁜 것입니다. 주로 전문직 종사자들이 이런 경우가 많습니다. 쏜살같이 세월이 흘러서 나중에는 자기가 몇 살인지도 잊습니다. 높은 교육열 때문에 결혼을 못한 사람이 많습니다. 이런 사람은 만남의 기회를 만들어 주면 오히려 잘 연결됩니다.

미국 코스타에 가 보면 독신자가 많은데 특히 30대 이상의 박사 유학생들이 많습니다. 제가 코스타 집회를 할 때면 잔디밭에서 이들 그룹과 만나는데 한 번에 50~60명 정도가 모입니다. 각자 자기소개를 하고 어떤 사람과 만나고 싶은지 발표할 수 있는 자리를 마련합니다.

간사들이 그 내용을 잘 정리해서 참석자들에게 나눠 주면 그 다음부터는 자기들끼리 알아서 착착 진행합니다. 그렇게 해서 결혼한 커플들이 꽤 있습니다.

사람을 만날 수 있는 기회는 의외로 많습니다. 한번은 여러 사람이 모여서 식사를 했는데, 그중에 포스트 닥터(post doctor: 박사 후 과정)로 공부 중인 한 청년이 도무지 사람을 만날 시간이 없다고 하소연하더군요. 그래서 제가 "왜요? 바로 옆에 사람이 있잖아요. 옆을 보세요"라고 말해 주었습니다. 그랬더니 정말 옆에 앉은 자매를 쳐다보고는 어색한 웃음을 지었습니다. 그런데 일 년 후에 코스타 모임에 다시 갔더니 그 청년이 다가와 반갑게 인사를 하는 것이었습니다.

"장로님, 저 기억나세요?"

"글쎄요…."

"식사시간에 옆 사람을 보라고 말씀해 주셨잖아요. 그때 옆에 앉았던 자매와 3개월 전에 결혼했습니다."

그렇습니다. 많은 형제자매가 눈을 감고 다닙니다. 눈을 뜨십시오. 의외로 가까운 곳에 사람이 있습니다.

셋째, 결혼 자체에 환멸을 느끼며 거부하는 경우가 있습니다. 여자 쪽이 더 많은데, 어린 시절에 부모님이 싸울 때 보니 늘 엄마가 약자로 상처 받고 손해 보는 것 같았던 것입니다. 결혼해서 엄마처럼 손해 보는 삶을 살고 싶지는 않은 거죠. "결혼 안 할 거야. 아빠 같은 남자랑

살기 싫어!" 부모님의 결혼 생활을 보고 결혼에 대한 부정적인 시각을 갖게 된 것입니다.

또한 뒷장에서 다룰 내면의 여섯 가지 문제들도 결혼에 이르지 못하게 하는 방해요인들입니다. 몇 가지 이야기하자면, 거절감이 있습니다. 좋은 사람을 찾기 위해 노력해 봤지만 번번이 거절당하다 보니 조금 사귀다가도 더 이상 관계를 진전시키지 못한 채 헤어지는 경험이 많은 사람입니다. 또 과거의 상처 때문에 결혼을 하지 못한 분도 있습니다. 상처 때문에 상대방과 친밀한 관계 맺기가 어려운 것이지요. 이러한 내면의 문제도 치유만 잘 받는다면 결혼하는 데 문제가 없습니다.

넷째, 왜곡된 성 문제 때문입니다. 어릴 적에 성추행이나 성폭행을 당한 경험이 있는 경우에 결혼에 대한 두려움이 매우 큽니다. 아는 사람에 의한 성폭행이 46.9%에 달한다고 합니다. 가까운 이웃집 아저씨나 오빠, 혹은 친척에게 그런 일을 당했으니 얼마나 충격이 크겠습니까. 깊은 상처가 되어 남자를 거부하게 됩니다. 막상 결혼해도 부부간의 스킨십에 문제가 생기는 일이 많습니다.

결혼 후 4년 동안 잠자리를 갖지 못한 커플이 있었습니다. 아내가 남편의 손이 닿는 것조차 싫어했습니다. 신앙도 좋고 서로 사랑하는데도 말입니다. 자매는 자기를 만지려고 하는 남편이 오히려 이상하고 이해할 수 없다고 했습니다. 남편을 사랑하지만 성관계를 맺고 싶지는 않다고 했습니다. 잠자리만 생각하면 이혼하고 싶다고요. 남편이 오로지 신앙으로 참고 견딘 케이스입니다.

상담해 본 결과, 자매가 어릴 때 성폭행 당했던 경험이 있어서 남자들이 다 싫고 징그럽게 느껴졌던 것입니다. 이런 경우에는 말로 아무리 설득해도 소용이 없습니다. 저는 자매의 손을 가만히 잡았습니다. 자매가 움칠했지만 저는 손을 가만히 잡고 말해 주었습니다.

"괜찮죠? 거 봐요. 괜찮아요. 지금 자매가 무서워하는 것은 남자가 아니에요. 상처가 자매를 움츠러들게 만드는 거예요. 세상에는 좋은 남자도 아주 많아요. 예수님도 남자 아니셨나요? 예수님이 '내 딸아' 하고 부르시는데 '사탄아, 물러가라' 하고 내치시겠어요?"

자매에게 무서움에서 벗어나 스스로 자유로움을 느끼는 훈련을 하라고 했습니다. 그리고 집으로 돌아가면 남편의 손을 먼저 잡아 주라고 조언해 주었습니다.

독신의 이유는 이처럼 가지각색입니다. 하나님께 받은 특별한 은사가 있을 수도 있고, 바쁘게 살다 보니 놓친 경우도 있고, 내면의 상처 때문에 두려운 경우도 있고, 잘못된 성 경험 때문에 관계의 어려움을 느끼는 경우도 있습니다.

"장로님, 결혼하고 싶은데 저를 좋다고 하는 형제가 없어요. 제가 어디 모자라는 걸까요?", "장로님, 마음에 드는 형제가 있는데 그 형제가 저에게 관심이 없는 것 같아요.", "장로님, 나이가 너무 많이 들어 이젠 결혼을 포기해야 할까 봐요."….

제가 만난 청년 중에서 이런 하소연을 하는 분들이 얼마나 많은지 모릅니다.

저는 1989년부터 미국에서 본격적으로 결혼예비학교를 시작하면서 지금까지 상담 사역을 해오고 있습니다. 그동안 얼마나 많은 사람을 만났는지 헤아릴 수조차 없습니다. 숫자만 많은 것이 아닙니다. 수많은 나라를 돌아다니며 세미나를 진행하다 보니 다양한 환경에서 사는 가지각색의 사람들을 만날 수 있었습니다.

세계 곳곳의 수많은 청소년, 청년, 부부를 만나 상담하면서 제 안에 몇 가지 질문들이 생겨났습니다.

"눈부신 청춘 남녀가 왜 결혼하지 못할까?"

"결혼에 성공한 남녀가 왜 다툼으로 허송세월할까?"

"왜 많은 교회 공동체들이 하나 되지 못하고 갈등 속에 있을까?"

과연 제가 이 "왜?"라는 질문에 대한 답을 찾았을까요, 못 찾았을까요?

물론 찾았습니다. 바로 '상처' 때문입니다.

영혼과 마음에 상처를 지닌 채 살아가는 사람은 자기와 관계를 맺는 사람들에게 아픔을 주게 마련입니다. 부부가 서로에게 상처를 주고, 심지어는 자녀들에게까지 상처를 물려줍니다. 마치 전염병과도 같기 때문에 행복해야 할 가정이 전쟁터가 되고 중환자실이 되는 것입니다. 믿는 사람이나 믿지 않는 사람이나 상처 주기의 악순환에서 자유로운 사람은 그다지 많지 않습니다.

외적인 문제는 어떻게든 손쓰면 해결할 수 있습니다. 몸이 풍성하면 다이어트를 하면 되고, 얼굴 콤플렉스는 헤어 스타일을 바꾸거나 화장의 기술을 이용하면 됩니다. 하지만 거절감이나 상처, 부정적인 생각 같은 내면의 문제들은 쉽게 해결되지 않습니다. 마음 깊은 곳에 상처로 남아 있어서 자기도 모르게 시시때때로 튀어나와 괴롭히기 때문입니다.

건강한 배우자를 선택하기 위해서는 이 '상처'의 문제를 해결하는 것이 무엇보다 중요합니다. 저는 상처 때문에 벌어지는 문제들을 보면서 인간관계에 있어서 가장 중요한 것은 건강한 자아상과 자존감이라는 것을 깨달았습니다. 그러니 무엇보다 먼저 자신의 내면 깊숙이 숨어 있는 상처를 찾아내어 치유해서 건강한 자존감을 회복해야 합니다.

자아가 건강해야 데이트도 잘하고, 좋은 이성이 나타났을 때 두려움에 떨면서 도망가지 않고 확실하게 잡을 수 있습니다. 결혼에 골인하지 못하고 중간에 헤어지는 일을 언제까지 반복하시겠어요?

당신이 건강하면 상대방이 조금 연약하더라도 도움을 줄 수 있습니다. 서로 노력해서 회복의 길로 들어설 수 있습니다. 그런데 만약 당신이 병들어 있으면 어떻게 되겠습니까? 연약한 상대방에게 도움이 되기는커녕 당신의 상처를 전염시키고 결국 서로 중병에 걸리고 말 것입니다.

그러니 하나님이 짝지어 주신 배우자를 만나기 원한다면 먼저 건강한 자아상과 자존감을 회복해야 하지 않겠습니까? 그러려면 먼저 자기가 누구인지 알아야 합니다. 자신의 상태를 살피는 일은 매우 중요합니다. '나를 아는 것'이 건강한 자아상, 건강한 자존감을 갖는 첫걸음이기 때문입니다.

오발탄이 아니라 직격탄

당신은 스스로에게 감탄해 본 적이 있습니까? 눈에 잘 안 띄는 그저 평범한 사람일 뿐이라고요? 웬 겸손인가요? 당신의 태어남이 얼마나 경이로운 사건이었는지 모르고 있군요. 의사로서 당신의 탄생을 조명해 보겠습니다.

난소에는 약 40만 개의 난자가 들어 있지만 한 달에 딱 하나씩만 배란됩니다. 일생 동안 대략 400번 정도 배란이 됩니다. 난소를 빠져나온 난자는 나팔관에 들어가서 운명적인 만남을 기다리지요. 그런데 아무리 기다려도 별일이 안 생기면 어떻게 됩니까? 난자는 생을 마치고 자궁 내막과 함께 세상 밖으로 나오게 됩니다. 이것이 여성이 매달 겪는 월경입니다. 난자에게 별일이 생기지 않는 한 이 사이클은 계속 이어집니다. 그러니 당신은 적어도 40만 대 1의 경쟁을 뚫은 난자 덕분에 이 세상에 태어난 것입니다.

그러나 이것이 다가 아닙니다. 더욱 놀라운 것은 3억 대 1이라는 엄청난 경쟁을 뚫고 당신 아버지의 정자가 달려왔다는 사실입니다. 1억 개에서 3억 개의 정자가 동시에 달립니다. 지구상에 이보다 더한 생존 경쟁은 없습니다. 속도만 빨라서는 성공할 수가 없습니다. 방향을 잘 잡아야 합니다. 방향만 잘 잡아서도 소용없습니다. 건강하고 날쌔고 힘 있는 정자만이 승리자가 됩니다. 목표를 향해 정확하게 돌진한 튼튼하고 날랜 정자 하나만이 난자와 합체할 수 있습니다. 3억 개 중에 하나만 성공하고 나머지 2억 9,999만 9,999개는 죽음을 맞이합니다.

의학적으로 볼 때 당신은 40만 대 1의 경쟁을 뚫고 나온 난자와 3억 대 1의 경쟁을 뚫고 달려온 정자가 만나서 태어난 존재입니다. 세상에 이만한 경쟁률이 또 어디에 있겠습니까? 그야말로 천문학적인 숫자입니다. 당신을 탄생시키기 위해 39만 9,999개의 난자와 2억 9,999만

9,999개의 정자가 희생되었습니다.

> "사람이 만일 온 천하를 얻고도 제 목숨을 잃으면 무엇이 유익하리
> 요 사람이 무엇을 주고 제 목숨과 바꾸겠느냐"(마태복음 16:26).

예수님의 말씀이 이해되시나요? 천하와 바꿀 수 없는 존재가 바로 당신입니다. 천문학적인 희생을 치르고 생명을 얻었으니 말입니다. "내가 너를 지명하여 불렀나니"(사 43:1)라고 하신 말씀이 맞지 않습니까? 당신이 얼마나 고르고 골라서 지명된 사람인지 아십니까?

제가 한번은 하나님께 이렇게 여쭤 보았습니다.

"하나님, 처음부터 똑똑한 정자 하나만 보내지 그러셨어요. 하나밖에 건지지 못할 텐데 왜 3억 개나 만들어서 낭비하십니까?"

하나님께서 뭐라고 대답하신 줄 압니까?

"거룩한 낭비다. 네가 얼마나 귀한지 알게 하기 위해 거룩하게 버렸단다."

당신은 스스로가 얼마나 존귀한 존재인지 깨달아야 합니다. 오죽하면 "땅에 있는 성도들은 존귀한 자들이니 나의 모든 즐거움이 그들에게 있도다"(시 16:3)라고까지 하셨겠습니까.

자신을 실패작이라고 여기는 분이 있습니까? 당신은 우물쭈물 오발탄으로 태어난 게 아닙니다. 40만 분의 1과 3억 분의 1이 만나는 120조

분의 1이라는 확률로 태어난, 하나님이 고르고 지명하신 직격탄입니다.

120조 분의 1이 얼마나 대단한지 선뜻 와 닿지 않지요? 현재 세계 인구는 약 70억이라고 합니다. 이와 똑같은 지구가 17,142개가 있다고 가정합시다. 그 중에 초대박 로또를 맞은 단 한 명이 바로 당신이라는 뜻입니다.

당신과 제가 바로 그런 사람입니다. 그러니 자기 자신을 귀하게 여기세요. 우리는 하나님 나라의 왕자요 공주입니다. 왕 같은 제사장입니다. 굉장하지 않습니까?

나는야
콤플렉스
덩어리

120조 분의 1의 확률로 만들어진 수정란은 어머니의 자궁 속에서 열 달의 시간을 보내야만 합니다.

옛날에는 뱃속에서 아이가 어떻게 자라는지 보지 못했지만 요즘은 다 볼 수 있습니다. 그 덕분에 밝혀진 사실이 있습니다. 태아가 세상 밖으로 나와야만 사람이 되는 줄 알았는데 뱃속에서부터 완전한 인격체로서 자라고 있다는 것입니다.

이것에 대해 성경은 이미 이렇게 기록했습니다.

"주께서 내 내장을 지으시며 나의 모태에서 나를 만드셨나이다 내가 주께 감사하옴은 나를 지으심이 심히 기묘하심이라 주께서 하시는 일이 기이함을 내 영혼이 잘 아나이다 내가 은밀한 데서 지음을 받고 땅의 깊은 곳에서 기이하게 지음을 받은 때에 나의 형체가 주의 앞에 숨겨지지 못하였나이다 내 형질이 이루어지기 전에 주의 눈이 보셨으며 나를 위하여 정한 날이 하루도 되기 전에 주의 책에 다 기록이 되었나이다"(시편 139:13-16).

당신은 모태에서부터 하나님이 보고 아신 인격체입니다. 형질이 다 이루어지기도 전에 하나님은 당신을 주의 책에 기록하셨습니다. 그러니까 태어나자마자 한 살이 되는 한국식 나이 계산법이 맞는 것입니다.

이렇게 귀한 존재로 태어나지만 우리는 다양한 환경을 만나면서 상처가 나기도 하고 패이기도 합니다. 엄마 뱃속에서부터 희로애락을 느끼는 거죠. 그래서 임신 중에 부부 싸움을 자주 하면 태아는 죄책감을 느끼고 자존감을 갖지 못하고 정서 불안을 느낄 수 있습니다. 또한 해산 과정 가운데서도 태아는 엄청난 고통을 느낍니다. 아기를 낳는 산모의 고통이 엄청나다고들 하지만 사실 태아가 받는 고통이 10배나 더 큽니다. 게다가 잘살던 곳에서 쫓겨나는 듯한 상실감까지 더해집니다. 워낙 엄청난 고통인지라 당신이 다 잊어버려서 그렇지 수고하고 애써서 이 땅에 태어난 것입니다.

아기의 시련이 여기서 끝날까요? 아닙니다. 듣도 보도 못한 형, 오빠, 누나, 언니가 와서 쥐어박지를 않나 웬 동생이란 녀석이 태어나 엄마를 빼앗아 가기도 합니다. 걸음마를 떼니 뛰다가 넘어지기 일쑤고, 유치원에 가니 자신은 또래 친구들 중의 하나에 불과하다는 것을 깨닫게 되고, 초등학교에 가니 얻어맞고, 중학교에 가니 더 얻어맞고, 고등학교에 가니 왕따를 당합니다. 대학 입시에 떨어졌다가 삼수한 끝에 합격했더니 군대에 가야 합니다. 제대하고 대학을 졸업했더니 취직이 안 됩니다. 겨우 취직해서 결혼하려고 하니 어떻게 좋은 사람을 알아보고 결혼에 성공할 수 있을지 난감하기만 합니다. 삶은 이해할 수 없는 일들의 연속입니다.

당신은 지금까지 이렇게 수많은 사연을 겪고 살아온 것입니다. 자라면서 행복하기도 했지만 그만큼 상처도 많이 받았습니다. 그 상처들이 뭉치고 뭉쳐서 지금의 당신이 된 것입니다. 그러니 내면이 얼마나 복잡하겠습니까? 이게 바로 콤플렉스(complex)입니다. 자기 마음을 알 턱이 없지요. 콤플렉스 덩어리가 되었으니 말입니다.

나 자신은
백에 다섯밖에
모른다

'조해리의 창*'이라는 이론에 의하면 인간의 자아는 네 가지 영역으로 나뉩니다. 사람에게는 네 가지 모습이 있다는 얘기입니다.

첫째, 나도 알고 남도 아는 '내'가 있습니다. 대개 사람들은 이것으로 자신을 평가합니다.

둘째, 나는 아는데 남이 모르는 '내'가 있습니다. 나를 그럴 듯하게 포장하기 때문에 다른 사람은 눈치 채지 못합니다. 비밀이 많은 사람이 여기에 속합니다. 미국에서 오래 살다가 고향에 돌아오니 한국에는 십계명에 한 가지 계명이 더 있더군요. "남에게 들키지 말지니라." 한국 사회에는 십일계명이 존재합니다. 고위급 공무원들의 인사청문회를 보면 알 수 있습니다. 들통 나서 고생을 합니다.

셋째, 나는 모르는데 남이 아는 '내'가 있습니다. 거울이 없으면 내 얼굴을 볼 수 없지만 다른 사람들은 내 얼굴을 대면하여 봅니다. 이것과 관련된 말이 있습니다.

"한 사람이 당신을 당나귀라고 부르면 무시해 버려라. 그러나 두 사람이 당신을 당나귀라고 부르면 귀를 만져 보라. 만약에 세 사람이 당신을 당나귀라고 부른다면 등에 안장을 차라."

나도 모르는 나에 대해서 남이 얘기해 줄 때는 새겨들어야 합니다.

넷째, 나도 모르고 남도 모르는 '내'가 있습니다. 이따금 원하지 않은 행동을 스스로 하기도 하고, "저런 사람하고는 절대로 안 만나" 하고 고개를 저으면서도 자신도 모르게 그 사람에게 집착하기도 합니다. 인간관계에서 가장 많은 문제를 일으키는 자아입니다. 누군가에게 매달리거나 붙들려 있지만 정작 본인은 자기가 왜 그러는지 스스로도 알지 못합니다. 왜 그렇습니까? 내면 깊숙이, 무의식과 잠재의식 속에 또 하나의 자아가 숨어 있기 때문입니다. 무의식과 잠재의식 속에 세 살짜리 어린아이가 쭈그리고 앉아 울고 있습니다.

인간이 뚜렷이 의식하는 정신세계는 전체의 5% 정도밖에 되지 않습니다. 나머지 90~95%는 무의식의 세계입니다. 자기가 알고 있는 자아는 빙산의 일각에 지나지 않는다는 뜻입니다.

무의식 속에 성경에서 말하는 속사람이나 심리학에서 말하는 성인아이(adult child)가 들어있습니다. '또 다른 나, 또 하나의 나'입니다. 평소에는 잘 모릅니다. 특히 남녀가 데이트할 때는 눈에 콩깍지가 씌어서 상대방의 또 다른 자아가 조금씩 드러나도 보이지가 않습니다. 하지만 결혼하고 나면 어떻게 됩니까? 속속들이 발견하게 됩니다. 아내가 왜 남편을 '우리 집 큰 아기'라고 부르겠습니까? 세상 어디서도 볼 수 없는 남자의 유치찬란한 모습을 아내가 보기 때문입니다.

• Johari's window : 미국의 인지심리학자 조지프 루프트(Joseph Luft)와 해링턴 잉검(Harrington Ingham)이 만든 자아개방과 피드백이란 개념으로 대인관계의 유형을 설명한 이론이다.

겉과 속이 다른, 나는 누구인가?

거울을 한번 들여다보세요. 눈에 보이는 얼굴은 그대로일지 모르지만 당신의 내면은 매우 복잡합니다. 절대 단순하지 않습니다. 지금의 복잡한 모습은 주님이 만드신 본래의 모습이 아닙니다. 깨어지고 무너지고 상처받아 연약해진 내면을 단단한 껍데기로 감싸고 감추느라 본래의 모습이 왜곡된 거예요. 그것 때문에 당신의 삶이 바뀌었고, 왜곡된 자아가 당신의 일상에 계속 영향력을 행사하고 있습니다. 내면을 들여다보십시오. 상하고 포로되어 갇혀 있는 자신이 보이지 않습니까? 그러나 희망을 가져도 좋습니다. 당신과 나를 위해 오신 분이 있으니까요.

"주 여호와의 영이 내게 내리셨으니 이는 여호와께서 내게 기름을 부으사 가난한 자에게 아름다운 소식을 전하게 하려 하심이라 나를 보내사 마음이 상한 자를 고치며 포로된 자에게 자유를, 갇힌 자에게 놓임을 선포하며"(이사야 61:1).

상하고 병든 자에게 예수 그리스도는 생명나무요 은혜의 나무입니다. 십자가의 복음이 회복과 자유를 선포합니다.

나무를 자르면 나이테가 보입니다. 인생에도 나이테가 있다는 것을 알아야 합니다. 지금 당신의 성격은 원래 그렇게 타고난 것이 아니라 많은 사연들이 켜켜이 쌓여서 만들어진 것입니다. 인생의 나이테에 상처의 내력이 숨어 있습니다. 하나님이 본래 주신 모습을 잃어버린 거예요. 자기 자신도 모르는 복잡한 내면을 가지고 이성과 데이트하자니 오죽 힘들겠습니까? 어렵사리 결혼한다고 해도 도무지 이해가 안 됩니다. 서로 이해가 안 되니 "우리는 잘못된 만남인가 보다. 헤어지자" 하고 나옵니다. 아예 "파트너를 한번 바꿔 볼까?" 하는 생각까지도 합니다.

이런 문제가 생겼을 때 사람들은 대개 자기 자신은 생각하지 않고 상대방에게 문제가 있다고 말합니다. 그러나 사실 문제는 바로 당신한테 있다는 것을 알아야 합니다.

히틀러 정권 하에서 반나치스운동을 펼쳤고 히틀러 암살 계획을 세웠다가 실패하고 강제수용소에서 처형된 독일 신학자 디트리히 본회퍼(Dietrich Bonhoeffer)가 옥중에서 쓴 〈나는 누구인가〉라는 시에 이런 구절이 있습니다.

나는 누구인가?
남들은 종종 내게 말하기를
감방에서 나오는 나의 모습이
어찌나 침착하고 명랑하고 확고한지
마치 성에서 나오는 영주 같다는데

나는 누구인가?

남들은 종종 내게 말하기를

간수들과 대화하는 내 모습이

어찌나 자유롭고 사근사근하고 밝은지

마치 내가 명령하는 것 같다는데

…

남들이 말하는 내가 참 나인가?

나 스스로 아는 내가 참 나인가?

새장에 갇힌 새처럼 불안하고 그립고 병약한 나

목졸린 사람처럼 숨을 쉬려고 버둥거리는 나

빛깔과 꽃, 새소리에 주리고

따스한 말과 인정에 목말라하는 나

방자함과 사소한 모욕에도 치를 떠는 나

좋은 일을 학수고대하며 서성거리는 나

멀리 있는 벗의 신변을 무력하게 걱정하는 나

기도에도, 생각에도, 일에도 지쳐 멍한 나

풀이 죽어 작별을 준비하는 나인데

…

나는 누구인가?

으스스한 물음이 나를 조롱합니다.

내가 누구인지

당신은 아시오니

나는 당신의 것입니다.

오, 하나님!

_《디트리히 본회퍼》(복있는사람 刊) '나는 누구인가' 중에서

그렇습니다. 겉으로는 태연해 보여도 내면은 불안하고 답답하고 상처받아 몸을 부르르 떱니다.

당신은 누구입니까? 당신이 어떤 사람이건 "아! 하나님, 당신은 저를 아십니다. 저는 당신의 것입니다"라고 고백할 수 있습니까? 하나님 안에서 높은 자존감으로 평안을 누리고 있습니까?

Chapter 2

나의 뿌리,
한국병을 치유하라

나를 알려면
뿌리를
알아야 한다

　당신은 120조 분의 1이라는 확률로 태어난, 하나님이 고르고 지명
하신 직격탄이라고 한 것을 기억하시죠? 70억 인구가 득실거리는 1만
7,142개의 지구 중에서 로또 1등에 당첨된 것과도 같은 엄청난 은혜로
잉태됐음에도 불구하고 어머니 뱃속에서부터 인생의 나이테마다 상처
가 새겨지는 바람에 당신은 매우 복잡한 내면을 갖게 되었습니다. 당
신이 가진 내면의 문제는 어느 날 갑자기 당신한테 툭 떨어진 게 아닙
니다. 사실은 훨씬 더 이전부터, 즉 할아버지 할머니 대에서부터 내려
온 것입니다. 이것을 알아야 합니다.

제가 세계 곳곳을 돌아다니며 상담 사역을 하다가 한 가지 놀라운 사실을 발견했습니다. 세계 어디를 가든지 한국 사람은 다 똑같다는 것입니다. 얼마 전에 브라질에 다녀왔는데, '여기는 상파울로다'라고 자꾸 상기시켜야지 그냥 멍하니 있으면 그곳이 서울인지 상파울로인지 분간이 안 될 정도였습니다.

무엇이 그렇게 똑같다고 느끼게 만들까요? 한국병 때문입니다. 한국인이면 누구나 똑같은 병을 앓고 있습니다. 똑같은 환경에서 똑같은 상처를 받고 자랐기 때문이에요. 여느 나라 사람들보다 병이 많습니다. 예컨대 미국인은 참 단순한데 비해서 한국인은 복잡합니다. 보통 복잡한 게 아니에요.

여기서 한 가지 깨달은 바가 있습니다. "자아를 알기 위해서는 뿌리를 알아야 한다. 즉 '나는 누구인가'를 알려면 '한국인은 누구인가'를 알아야 한다"는 것입니다. 그래서 이번에는 "한국인은 누구인가"라는 심오한 주제에 대해 이야기해 보려고 합니다.

한반도에서 살아온 한민족의 역사는 대략 5천 년 정도 됩니다. 조금씩 위아래로 오르락내리락하기는 했지만 주로 한반도 안에서만 살아왔습니다. 중국과 일본이 자주 쳐들어왔고 우리 민족 안에서도 싸움이 끊이질 않았습니다. 그래서 5천 년 역사 중에 내전과 국제전을 합해서 전쟁이 약 980회나 있었다고 합니다.

그런데 놀랍게도 한민족은 그런 치열한 상황 속에서도 단일민족의 특성과 문화를 지금까지도 잘 지켜오고 있습니다. 중화사상의 한족이 56개 종족을 통합하여 중국을 만들었습니다. 그런데 중국 접경 지역인 압록강, 두만강의 한민족은 중국에 편입되지 않았습니다. 아무리 쳐들어와도 중국이 되거나 일본이 되지 않고 끝까지 자존심을 지켰습니다. 그렇습니다. 한국인은 자존심이 무척 셉니다. 게다가 자활능력이 있어서 넘어져도 반드시 오뚝이처럼 일어나고야 맙니다.

하지만 그 과정에서 상처를 얼마나 많이 받았겠습니까? 사무칠 만큼 억울함이 쌓이고 뒤집어질 만큼 분노가 쌓였습니다. 한민족이기 때문에 겪어야 했던 상황 속에서 민족의 내면에 억울함과 분노가 쌓여 숨었다는 것입니다. 아버지, 어머니, 거슬러 올라가서 할아버지, 할머니로부터 내면의 상처를 물려받은 것입니다. 알게 모르게 그 상처의 영향을 받고 살아갑니다.

한국인이어서 갖게 된 상처에 대해 알아보겠습니다.

'빨리빨리'의 빛과 어두움

외국인이 가장 먼저 배우는 한국어가 뭔지 아십니까? '빨리빨리'입니다. 영국인은 1분에 80보를 걷는데 한국인은 110보를 걷는다고 합니다. 강남역이나 신도림역에 가 보세요. 우르르 올라갔다가 우르르 내려갔다가 한꺼번에 싹 사라집니다. 에스컬레이터에서도 잠시를 못 참고 서둘러 걸어 올라갑니다.

아침에 눈 뜨자마자 들려오는 엄마의 잔소리를 떠올려 보십시오.

"빨리빨리 일어나라. 빨리빨리 세수하고 빨리빨리 이 닦아라. 빨리 빨리 옷 입어야지. 빨리빨리 밥 먹어라. 빨리빨리 책가방 챙겨라. 빨리 빨리 학교 가야지. 빨리빨리 숙제해. 빨리빨리 샤워하고 빨리빨리 자라."

공감 100% 아닙니까? 어디 이뿐인가요? 커피 자판기의 불이 꺼지기 전부터 컵을 손으로 붙잡고 있지를 않나 버스 정류장에서는 버스가 앞에 오기를 기다리지 못하고 도로 위로 친히 마중 나가지 않습니까? 식사는 5분이면 뚝딱, 아이스크림이나 사탕은 깨물어 먹어야 제맛입니다.

'빨리빨리' 때문에 부정부패도 많았습니다. 뇌물을 주어서라도 빨리빨리 처리하려고 했습니다. 선생님한테 촌지를 주며 "내 아이를 빨리 1등으로 만들어 달라"고 압박하기도 했습니다.

하지만 다른 한편으로는 '빨리빨리' 덕분에 21세기 첨단을 걷는 스피드 민족이 될 수 있었습니다. '빨리빨리'는 21세기에 딱 어울리는 코드입니다. 클릭 한 번으로 탁 튀어나와야 하는 세상이니까요. 그래서 짧은 시간에 세계의 유례가 없는 경제 성장을 이루지 않았습니까?

그러나 사실 알고 보면 이것에는 매우 가슴 아픈 사연이 있습니다.

역사 속에서 빨리빨리 움직이지 않으면 일자리를 빼앗기고 재산을 빼앗기고 생명을 빼앗기는 경험을 해 왔기 때문입니다. 소중한 것을 빼앗기지 않으려면 빨리빨리 움직여야 했으니까요.

따라서 '빨리빨리'도 한민족이 가진 상처 중에 하나입니다.

연약함으로 얻은 강인함

우리는 지금도 우리가 단일민족이라고 믿고 있습니다. 그러나 그것은 희망사항에 불과합니다. 한반도에서 수많은 전쟁을 치르는 사이에 얼마나 많은 이민족의 침입이 있었습니까? 남자들은 전쟁터에 나가서 싸우거나 도망이라도 갔지만 여자들은 아이들을 데리고 벽장 속에 숨을 수밖에 없었습니다. 전쟁이 벌어지면 많은 여성이 적군에게 강간을 당하곤 합니다. 사실 역사적으로 많은 피가 섞일 수밖에 없는 상황이었습니다.

하지만 그 덕분인지 한국인은 아주 강인합니다. 온실 속에서 자란 화초는 작은 스트레스에도 죽지만 잡초는 무서울 정도로 강한 생명력을 가졌습니다. 아무데서나 잘 자랍니다. 한국인은 순수한 혈통은 잃었을지 몰라도 강인한 정신력과 체력을 얻은 것 같습니다. 알라스카 혹한에도 잘 버티고, 아라비아 혹서에도 살아남는 것이 한국인입니다.

우리가 중동에서 성공한 민족 아닙니까? 강한 민족입니다.

2012년 런던 올림픽에서 우리나라는 세계 5위라는 놀라운 성적을 보여 주었습니다. 금메달을 딴 종목을 살펴보면 한민족이 전쟁에서 살아남은 위대한 민족임을 알 수 있습니다. 양궁, 펜싱, 사격, 유도, 태권도, 레슬링…. 쏘고 찌르고 차고 업어 메치는, 하나같이 무기로 싸우거나 맨손으로 싸우는 종목들입니다. 모두 전쟁에서 살아남기 위해 훈련해야 했던 종목들입니다.

민족이 연약하기 때문에 강인함을 얻게 되었습니다. 이것 또한 슬픈 사연으로 얻은 상처입니다. 그래서 좋을 때는 강인함이 되지만 나쁠 때는 강팍함이 될 수 있습니다.

어리바리하면 죽고
빠릿빠릿하면
산다

한민족은 유대인과 비교될 정도로 머리가 비상하고 영리합니다. 왜 그럴까요? 앞에 힌트가 있죠? 전쟁 때문입니다. 수많은 전쟁을 치르면서 멍청하면 빨리 죽는다는 것을 터득한 것입니다. 어리바리하면 죽고 빠릿빠릿하면 살아남습니다. 그래서인지 한국인은 전반적으로 머리가 좋습니다.

실제로 세계를 다니면서 보면 한국 아이들이 공부를 잘합니다. 비록 엄마 아빠는 공부를 못했지만 아이들은 뛰어납니다. 엄마 아빠는 한국에서 머리가 팽팽 도는 아이들과 경쟁하며 자랐기 때문에 공부에 두각을 나타내지 못했지만 막상 해외에 나가니 대부분이 어리바리합니다. 그러니까 한국인은 어디를 가든지 간에 그 나라 말은 빨리 못 배워도 공부 잘하고 잘 삽니다.

삼천리
눈물강산

흔히 한민족을 한(恨)의 민족이라고 부릅니다. 한은 깊이 응어리진 아픔입니다. 깊은 만큼 엄청난 힘이 있습니다. 응어리지고 응집되어 있어서 파헤치고 풀어내도 여전히 남아 있는 아주 강력한 에너지입니다. 세포의 핵과도 같아서 잘 쓰면 핵연료가 되지만 잘못 쓰면 핵폭탄이 되는 것이 한이라는 정서입니다.

한국인에게 엄청난 파워로 작용하는 한을 잘 치유해서 쓰면 하나님께 쓰임 받는 민족이 되고, 치유하지 못하면 오히려 많은 사람이 상처받고 쓰러지게 될 것입니다.

한국이 세계에서 유래를 찾아볼 수 없는 경제 성장을 이루고 최고의 선교 민족이 된 것도 다 한의 파워 덕분입니다. 한은 두 종류로 나뉩니다. 하나는 정한(情恨)이고 또 하나는 원한(怨恨)입니다. 우리는 이 두 가지 한을 모두 가지고 있습니다.

먼저, 정한은 슬픔과 눈물과 한숨과 서러움과 그리움 따위를 말합니다. '삼천리반도 금수강산'이라는 말이 있지요. 제가 보기에는 '삼천리반도 눈물강산'이라고 해야 맞을 것 같습니다. 왜 그런지 증명해 보일게요. 북쪽에서부터 지도를 타고 내려오겠습니다.

눈물 젖은 두만강.

한 많은 대동강.

피로 얼룩진 삼팔선.

단장의 미아리고개.

비 내리는 호남선.

목포의 눈물.

돌아와요 부산항에.

이별의 부산 정거장.

홍도야 우지 마라.

전부 다 눈물입니다. 산마다 강마다 언덕마다 눈물로 얼룩져 있습니다. 옛날에 불렀던 노랫말은 온통 눈물바다입니다.

우리는 이렇게 눈물이 많은 민족입니다. 그래서 그런지 새도 울고 매미도 울고 종소리도 울고 기적도 운다고 표현합니다. 심지어는 옷의 주름도 운다고 하지 않습니까?

〈아리랑〉은 한국 사람은 모두 아는 민요입니다. "아리랑 고개를 넘어가는 님이 십 리도 못 가서 발병이 난다"고 합니다. 얼마나 구슬픕니까. 우리 옛 노래는 하나같이 슬픕니다.

우리말 표현 중에서 재미있는 것은 '먹는다'는 말이 많다는 것입니다. 나이도 먹고, 귀도 먹고, 눈칫밥도 먹고, 욕도 먹고, 챔피언도 먹고, 골도 먹는다고 합니다. 무엇이든지 먹습니다. 얼마나 가난하고 먹을 게 없었으면 여기저기에 '먹는다'가 붙었겠습니까?

또 '죽는다'는 표현도 많습니다. 좋아서 죽겠고, 미워서 죽겠고, 싫어서 죽겠고, 괴로워서 죽겠고, 힘들어서 죽겠습니다. 얼마나 죽을 일이 많은지 모릅니다. 죽음을 얼마나 많이 겪었으면 이런 표현이 많아졌겠습니까?

가슴 아픈 역사에서 나온 정한의 정서입니다.

둘째로, 원한은 미움이나 증오와 같은 감정입니다. 예를 들어, 일본 제국주의에 대한 악감정입니다. 역사 속의 많은 침략과 36년간 일제강점에 대한 분노가 있는 것입니다. 이게 2002년 한일월드컵 때 튀어나왔지요. "대~한민국!" 구호가 일종의 한풀이였던 것입니다.

특히 여자들에게 원한이 많지요. 그동안 남자 위주의 사회로 인해 핍박받은 게 너무 많기 때문입니다. 우리나라 귀신을 보십시오. 전부 긴 머리를 풀어헤친 여자들입니다.

역사 속에서 약자일 수밖에 없었던 민족이라 가진 원한과 사회적 약자라 더 크게 상처를 받아야 했던 여성들의 원한이 우리 민족을 움직이는 힘이 된 것입니다.

치유하면
덫이 아닌
에너지가 된다

그러나 분명한 것은 한은 에너지라는 것입니다. 잘 살고자 하는 열망이요 파워입니다. 한이라는 정서가 있었기 때문에 한반도 작은 나라가 세계 10위권에 드는 경제대국이 되었습니다. 변변한 지하자원 하나 없는 민족이 엄청난 일을 이뤄낸 것입니다. 그만큼 한을 잘 치유해서 활용하면 땅 끝까지 복음을 전하는 민족으로 귀하게 쓰임받을 수 있습니다.

그러면 어떻게 하면 한을 치유할 수 있을까요? 예수 그리스도의 복음 외에는 방법이 없습니다. 복음으로 치유를 받으면 한은 '권능'이 됩니다. 성령께 한을 맡기면 됩니다.

이제 예수 그리스도께 나아가 치유를 구해야 합니다. 그래야 한이라는 엄청난 에너지가 슬픔이나 악으로 치닫지 않고 긍정적인 에너지로 생명력을 지닌 권능이 될 수 있습니다. 당신 안의 뿌리 깊은 한이 치유되면 대인관계가 좋아질 것이고, 이성과의 데이트도 훨씬 부드럽고 생

동감 있게 될 것입니다. 그러니 한국병을 꼭 치유하시기 바랍니다.

먼저 무엇이 문제인지 진단하고 그 치유법을 알아보겠습니다.

Chapter 3

꼭 점검해야 할
내면의
여섯 가지 문제

죄인은
아프다

　내가 아프면 주변 사람이 아프고, 가정이 아프고, 교회가 아프고, 이 사회가 아프듯이 병은 관계와 공동체 안에 전염되기 마련입니다. 우리는 모두 내면의 병을 가지고 있습니다.

　제 직업은 의사입니다. 환자가 찾아오면 눈꺼풀을 뒤집어 보기도 하고 혓바닥을 들여다보기도 합니다. 집안에 어떤 병이 내려오는지 병력도 묻습니다. 예수님도 그렇게 하셨습니다. 문제를 진단하고 죄를 지적하셨습니다. 그리고 인간은 모두 병자라고 말씀하셨습니다.

"기록된 바 의인은 없나니 하나도 없으며"(로마서 3:10).

"모든 사람이 죄를 범하였으매 하나님의 영광에 이르지 못하더니"

  (로마서 3:23).

죄인이 바로 병자입니다. 하나님 아버지께로부터 떨어져 나간 우리는 모두 병자입니다.

하나님은 우리를 만드실 때 하나님의 형상을 따라 만드셨습니다. 아름답고 멋지고 귀하게 만드셨어요. 그런데 우리가 죄를 지음으로 말미암아 하나님의 형상이 상처를 받고 깨어진 것입니다. 깨어지고 망가지고 부서지고 찢어진 모습이 바로 우리입니다.

아름다운 교제를 나누기 위해서는 먼저 치유가 필요합니다.

정체를 알 수 없는 상처들

정체를 알아야 고칠 수 있습니다. 그런데 내면에 깊숙이 숨은 또 다른 자아를 누구라도 끄집어내기가 어렵습니다. 저는 의사로 40년을 일했지만 내면에 숨은 자아는 고칠 방도가 없습니다. 누가 이 일을 할 수 있겠습니까? 누가 정확한 진단을 내릴 수 있을까요? 병자 스스로도 알 수 없는 병, 내면 가장 깊은 곳에 숨
어 있는 상처를 누가 끄집어낼 수 있
습니까? 오직 한 분, 하나님만이 아십
니다.

　당신은 모든 아픔과 상처들을 당신
속에 깊이 숨겨 놓았습니다. 당신 자
신도 스스로 알 수 없을 정도로 숨겼
습니다.

　그림을 보세요. 한 사람이 서 있습
니다. 그리고 그 안에 감옥이 하나 있
습니다. 감옥 안에는 어린아이가 쭈그리고 앉아서 울고 있습니다. 이
게 바로 우리 속에 있는 또 다른 자아입니다. 그런데 우리의 의식은 그
곳까지는 다다를 수가 없습니다. 그 속에서 울고 있는 아이를 만날 수
없습니다. 무의식과 잠재의식 속에 숨은 당신의 아픈 상처들입니다.

　　"우리의 싸우는 무기는 육신에 속한 것이 아니요 오직 어떤 견고한
　　진도 무너뜨리는 하나님의 능력이라 모든 이론을 무너뜨리며"(고린
　　도후서 10:4).

　여기서 '견고한 진'이란 '견고한 감옥'이란 뜻입니다. 당신 안에 견

고한 진이 있습니다. 그 안에 또 하나의 당신이 있는데 미처 자라지 못하고 어린아이 상태로 머물러 있습니다. 그래서 인간은 겉과 속이 다릅니다. 겉사람은 멋지게 차려입은 신사숙녀인데 속에는 상처받은 어린아이가 울고 있는 것입니다. 당신 안에 울고 있는 또 하나의 당신을 심리학에서는 '성인아이'(adult child)라고 부릅니다.

우리는 그 속까지 알 수 없고 다만 느낄 수 있습니다.

'왜 이렇게 울고 싶지?'

'이상하게 까닭 없이 우울한걸.'

'왜 이렇게 기분이 나쁠까?'

자기 마음을 자기도 모릅니다. 마음속에 무엇인가 있는데 해결하지는 못합니다. 바로 이것 때문에 자유함이 없습니다.

그러나 치유의 길이 있습니다. 바로 이것입니다.

"주 여호와의 영이 내게 내리셨으니 이는 여호와께서 내게 기름을 부으사 가난한 자에게 아름다운 소식을 전하게 하려 하심이라 나를 보내사 마음이 상한 자를 고치며 포로된 자에게 자유를, 갇힌 자에게 놓임을 선포하며"(이사야 61:1).

마음이 상한 자, 포로된 자, 갇힌 자를 자유케 하는 하나님의 은혜가, 예수 그리스도의 복음이 치유할 수 있습니다. 다음 그림을 보겠습니다.

이것은 심장, 즉 마음입니다. 예수님을 믿으면 마음이 깨끗해집니다. 그런데 자세히 보십시오. 밑에 보면 새까만 것이 아직도 남아 있습니다. 그게 바로 무의식중에 숨어 있는 아직 치유 받지 못한 상처입니다.

예수 그리스도를 믿으면 일단 치유를 받습니다. 그러나 당신이 알고 있는 어떤 부분들이 치유 받는 것입니다. 당신이 모르는 부분은 아직 치유되지 않았습니다. 그래서 예수님을 믿고 그렇게 헌신하는데도 여전히 마음이 복잡하고 우울증 같은 상처들이 남아 있는 것입니다.

믿음이 부족해서 그런가 하는 생각은 하지 마십시오. 신앙이 없어서라기보다도 치유 받지 못한 부분들이 있어서 그런 것입니다. 이것 때문에 애인과 싸우고, 부부싸움을 하고, 자녀들과 갈등이 있고, 이웃과 문제가 있고, 교우와 문제가 있습니다. 다른 사람 때문이 아니라 바로 당신 자신 때문입니다. 당신이 건강해지면 온 세상이 아름답게 됩니다. 그런데 당신이 아픈 거예요. 당신의 안경이 깨진 거예요. 그러니 모든 사람이 깨져 보이는 겁니다. 당신 눈에 보이는 사람을 고칠 게 아니라 깨진 당신의 안경을 고쳐야 합니다. 사람들은 대개 자기의 안경이 깨져 있는 것도 잘 모릅니다. 스스로를 철옹성에 가두어 놓습니다. 시멘트로 철갑을 두르고 가둬 놓는 거예요. 그리고 사람들을 비난하면서 모든 것을 다른 사람 탓으로 돌립니다.

"사람을 잘못 만나서, 부모를 잘못 만나서, 형제자매를 잘못 만나서…"가 아닙니다. 문제는 당신 자신에게 있습니다. 당신 안에 또 다른 당신이 숨어 있어서 그런 것입니다.

이제 자신을 정확히 진단해 보기 바랍니다. 정확히 진단해야 왜 내가 데이트를 할 때 이런 반응을 보이는지, 왜 그 사람과 가까워지는 게 두려운지, 왜 주시지도 않은 독신의 은사가 있다고 스스로 믿으며 자기체면을 걸고 있는지 알 수 있습니다.

상처가 많은 사람은 자기방어를 많이 합니다. 여간해서는 마음문을 열지 않습니다. 손해 보지 않을 정도로만 적당히 엽니다. 그래야 상처 받지 않는다고 생각하기 때문입니다. 그래서 의사소통이 어렵습니다. 매사에 예민하고 두려움이 많습니다. 자기 자신은 물론 남도 사랑하기가 어렵습니다.

이 모든 문제의 근본적인 원인은 도대체 어디에 있을까요? 이제 내면의 여섯 가지 문제를 짚어 볼 텐데, 글을 읽으면서 나는 어느 부분에 상처를 가지고 있는지 점검해 보기 바랍니다.

거절감:
나는
언제나 두렵다

어렸을 때 부모님이 이혼했거나 별거했거나 사별했다면 엄마 아빠의 사랑을 듬뿍 받고 자라야 할 시기에 그렇게 하지 못했기 때문에 '나는 버림받았다'는 거절감을 갖게 됩니다. 늘 소외감을 느끼고 외로워하며 우울증에 잘 빠지고 피해 의식이 강한 특징을 보입니다. 그러다 보니 사람들과의 관계가 좋을 수가 없습니다. 어떤 공동체에도 쉽게 들어가지 못하고 겉돌기 마련입니다. 거절당하고 버림받을 것 같기 때문에 쉽게 다가가지 못하는 것입니다.

거절감이 많은 사람은 결혼에 이르기가 무척 힘듭니다. 이성과의 데이트 중에도 '언젠가는 이 사람도 나를 떠나겠지. 나를 버릴 거야'라고 생각합니다. 그래서 사랑에 빠지면 오히려 상대를 차버립니다. 버림받기 전에 먼저 버리는 것입니다. 결혼을 한다고 해도 늘 불안해합니다. 언제 버림받을지 몰라서 불안해하는 것입니다. 인생이 고달플 수밖에 없습니다. 하루도 마음 편한 날이 없습니다.

38세의 자매가 있습니다. 키도 크고 예쁜데다가 학벌까지 좋습니다. 그런데 데이트는 젬병입니다. 잘 만나다가도 서로 좋아져서 결혼하자는 이야기만 나오면 매몰차게 거절하고 떠나는 것입니다.

"결혼하지 그래요. 그렇게 사랑하면서…."

"아니에요. 조만간 그 사람이 저를 버리려고 할 거예요. 그러기 전에 제가 먼저 버리는 게 나아요. 버림받으면 상처만 받잖아요."

그동안 쭉 그런 식으로 사람을 만나왔던 것입니다. 왜 그런 생각을 하게 되었을까요? 그 자매는 어릴 때 엄마 아빠가 이혼했는데 그때 거절감을 갖게 된 것입니다. 그래서 자기도 모르게 누군가를 좋아하면 언젠가는 버림받게 된다고 믿게 된 것입니다. 그래서 상처를 받지 않으려고 자기가 먼저 버리는 거예요. 이래서야 도저히 결혼에 이르지 못합니다.

성경에도 거절감으로 상처받은 사람들이 등장합니다. 사실 수많은 믿음의 선배들은 모두 상처받은 연약한 사람들이었습니다. 단지 하나님께서 치유하여 사용하신 겁니다. 대표적인 인물이 모세입니다.

모세는 태어난 지 3개월 만에 버림받았습니다. 아기를 살리기 위한 어쩔 수 없는 선택이었지만 모세의 입장에서 봤을 때는 버림받은 것입니다. 다행히 바로의 공주에게 발견돼서 궁중에서 자랐지만 노예 민족의 아들이라는 사실 때문에 왕따를 당합니다. 나중에 애굽 사람과 자기 동족 히브리인이 싸울 때 애굽 사람을 때려죽이지 않았습니까? 이게 바로 과잉반응입니다. 피해 의식이 많은 사람들은 과잉반응을 합니다.

건강한 피부는 만지고 쓰다듬어도, 심지어는 비비거나 때리거나 고춧가루를 뿌려도 아무렇지도 않습니다. 그러나 상처가 난 피부는 살짝 스치기만 해도 아픕니다.

커플이 왜 싸웁니까? 세계 평화나 남북통일 문제를 가지고 싸우던가요? 아닙니다. 말 한 마디 때문에 싸웁니다. 상처를 건드려서 그런 것입니다. 건드린 사람은 모르지만 당한 사람은 엄청 아픕니다. 그런데 사람은 독해서 꼭 상처 난 곳을 한 번 더 찌릅니다. 독합니다. 그러나 커플이 둘 다 환자라는 것을 알아야 합니다.

모세는 상처받은 사람이었습니다. 애굽 사람을 죽인 모세는 미디안 광야로 도망가서 40년을 살았습니다. 어느 날 호렙 산에서 하나님이 부르셨습니다. 그때 그는 장인 이드로의 양을 치고 있었습니다. 이것만 봐도 모세가 얼마나 모자란 사람이었는지 알 수 있습니다. 이민 가서 40년 동안 양을 쳤으면 어엿하게 자기 양무리를 칠 만도 한데 여전히 장인의 양을 치고 있지 않습니까.

《1만 시간의 법칙》이라는 책이 있습니다. 어떤 분야의 일이든 1만 시간을 투자하면 그 분야의 전문가가 되어 일가를 이룬다는 내용입니다. 하루에 8시간, 한 달에 20일 일한다고 쳐도 대략 6년이면 1만 시간이 됩니다. 그쯤이면 독립해서 자기 비즈니스로 양을 칠 만도 하죠. 그런데 모세는 그러지 않았습니다.

하나님께서 말씀하십니다.

"그러므로 이스라엘 자손에게 말하기를 나는 여호와라 내가 애굽
  사람의 무거운 짐 밑에서 너희를 빼내며 그들의 노역에서 너희를

건지며 편 팔과 여러 큰 심판들로써 너희를 속량하여 너희를 내 백성으로 삼고 나는 너희의 하나님이 되리니 나는 애굽 사람의 무거운 짐 밑에서 너희를 빼낸 너희의 하나님 여호와인 줄 너희가 알지라"(출애굽기 6:6-7).

모세가 "때가 왔으니 제가 가겠습니다. 나를 보내소서"라고 했습니까? 정반대입니다. 절대 못 간다고 펄쩍 뛰었습니다. 하나님께서 여러 징조들을 보여 주셨지만 그럼에도 불구하고 모세는 용기 있게 나서지 못했습니다. 상처 때문에 고집을 피운 것입니다. 상처가 많은 사람은 고집이 셉니다. 급기야 하나님께서 노하시자 마지못해 응하면서도 마지막까지 변명을 늘어놓습니다.

"오 주여 … 나는 입이 뻣뻣하고 혀가 둔한 자니이다"(출애굽기 4:10).

"오 주여 보낼 만한 자를 보내소서"(출애굽기 4:13).

우여곡절 끝에 하나님께서 형 아론을 함께 보내 주셨습니다. 그래서 할 수 없이 갔습니다. 바로 앞에 가서도 거절당하니까 자기는 안 간다고 했는데 보냈다고 하나님께 불평했습니다.

이토록 모자랐던 모세가 거절감이 치유되자 다른 사람이 되었습니다. 진정한 민족의 영도자가 된 것입니다. 이후에는 어떤 거절감 앞에서도 기죽지 않고 당당하게 40년간 백성을 인도할 수 있었습니다. 모세야말로 '상처받은 치유자'입니다.

혹시 거절감으로 데이트가 힘들고 끊임없이 깨어지는 아픔을 당하고 있을지라도 실망하지 마십시오. 하나님께 치유 받으면 됩니다. 치유 받고 나면 하나님께서 인생을 책임져 주실 뿐만 아니라 하나님께서 기뻐하시는 배우자를 보여 주실 겁니다.

그러니 실패를 두려워하지 말고 결혼 전선에 뛰어드세요. 거절감 따위는 날려 버리고 당당하게 나아가십시오.

분노: 나는 불안한 활화산이다

어렸을 때부터 부모나 손위 형제자매, 선생님 같은 권위자로부터 억울한 일을 많이 당했던 사람에게는 분노의 감정이 있습니다. 하지도 않았는데 도둑질했다고 누명 쓰거나 아무 짓도 안 했는데 영문도 모르고 맞는 등 억울하게 당한 사람 안에는 분노가 차 있습니다. 억울함을 호소해 봤자, 잘못한 게 없다고 말해 봤자 오히려 더 혼날 뿐이니 그냥 당하고 참아 버릇합니다. 속에서 부글부글 끓는데 표현할 길이 없습니다. 이렇게 분노가 차 있다가 어느 순간에 욱하면 눈에 보이는 게 없게 됩니다. 평소에는 입에 담지도 못할 욕을 하고, 아무거나 집어 던지고, 심지어 주먹질까지 하게 됩니다.

한국인에게 특히 분노 감정이 많습니다. 만난 지 얼마 안 돼 눈에 콩깍지가 씌어 있어도 이 분노가 터지면 아무 소용이 없습니다. 분노가 눈을 멀게 만듭니다.

하루는 신앙이 좋은 커플이 저에게 상담하러 왔습니다. 둘이 결혼을 약속했지만 자매가 분노가 많아 걱정이라는 겁니다. 한번은 차를 타고 가다가 말다툼을 했는데 갑자기 자매가 형제의 얼굴에 주먹을 날렸답니다. 순간 눈이 번쩍해서 사고가 날 뻔했다는 거예요. 저는 분명하게 말해 주었습니다.

"지금은 결혼하면 안 됩니다."

결혼하면 싸울 일이 더 많아질 테니 폭력이 더 세어질 가능성이 높습니다. 어떻게 운전하고 있는 남자친구의 얼굴을 주먹으로 가격할 수 있습니까? 이성적으로는 불가능한 일 같지만, 분노가 조절되지 않는 사람에게는 일어날 수 있는 일입니다. 순간적으로 아무것도 보이지 않기 때문입니다. 분노 감정이 많은 사람들은 처음에는 언어폭력을 휘두르고 나중에는 신체폭력까지 행사합니다. 분간을 못하는 거죠. 술 마시고 때리는 경우가 바로 분노 감정이 표출되는 것입니다.

여자의 혀는 남자의 혀보다 날카롭습니다. 남자와 여자가 말로 싸우면 거의 여자가 이깁니다. 그러면 이길 방법이 없어진 남자가 주먹을 휘두릅니다.

혹시 데이트하다가 분노가 일면 이렇게 말하는 게 좋을 것 같습니다.

"○○야, 더 이상은 안 되겠다. 좀 참았다가 이야기하자."

"○○야, 잠시 정신 차리고 이 문제에 대해서 함께 기도하고 이야기해 보자."

이렇게 분노를 다스린다면 얼마나 멋진 데이트가 되겠습니까? 꼭 그렇게 해 보시기 바랍니다. 분노는 내적 치유를 통해서 반드시 해결해야 할 문제입니다.

성경에도 분노 때문에 망한 사람이 몇 있습니다. 가인은 분노 때문에 동생을 때려 죽여서 최초의 살인자가 되었습니다. 압살롬도 분노가 가득한 사람이었습니다. 큰형 암논이 자기 여동생 다말을 강간하자 복수의 칼을 갈다가 결국 형을 죽이고 말았습니다. 그러고 나서 도망쳤다가 돌아와서 자기 아버지까지 죽이려고 했습니다. 굉장한 분노의 표출입니다.

또 요나가 있습니다. 요나는 니느웨에 대한 분노가 있었습니다. 하나님께서 니느웨에 가서 회개의 메시지를 전하라고 하시자 요나는 엉뚱한 곳으로 도망가 버립니다. 원수의 나라 니느웨가 망하길 바랐기 때문입니다. 물고기 뱃속에 들어갔다가 3일 만에 나와서 회개하지만 분노는 가시지 않았습니다. 니느웨에 가서 "회개하지 않으면 이 성이 망할 것이다" 하고 돌아다닌 후 언덕에 올라가서 니느웨에 불이 떨어지는 걸 지켜보려고 했습니다. 그런데 생각과 다르게 니느웨가 회개하고 하나님께 용서받자 요나가 분노를 드러냅니다.

"요나가 매우 싫어하고 성내며"(요나 4:1).

"여호와여 원하건대 이제 내 생명을 거두어 가소서 사는 것보다 죽는 것이 내게 나음이니이다"(요나 4:3).

요나가 차라리 죽는 게 더 낫겠다고 감히 하나님께 윽박질렀습니다. 분노가 극에 달한 요나가 앉은 언덕에 햇볕이 쬐고 동풍이 불어 더워지자 하나님께서 박 넝쿨을 자라게 하여 그늘을 만들어 주셨습니다. 덕분에 한동안 살 만했는데 벌레가 나타나 박 넝쿨을 갉아 먹자 금세 시들어 버렸습니다. 망하라는 니느웨는 안 망하고, 그나마 그늘을 만들어 주던 박 넝쿨마저 시들어 버리니 요나는 다시금 차라리 죽여 달라고 으름장을 놓았습니다. 그러자 하나님께서 말씀하십니다.

"여호와께서 이르시되 네가 수고도 아니하였고 재배도 아니하였고 하룻밤에 났다가 하룻밤에 말라 버린 이 박 넝쿨을 아꼈거든 하물며 이 큰 성읍 니느웨에는 좌우를 분변하지 못하는 자가 십이만여 명이요 가축도 많이 있나니 내가 어찌 아끼지 아니하겠느냐 하시니라"(요나 4:10-11).

성경 66권 중에서 이렇게 미완성으로 끝나는 것이 또 있던가요? 요나서만이 하나님의 반문으로 끝을 맺습니다. 요나가 분노에 차 있다는 것을 아시기 때문에 질문을 던지고 바로 끝내신 것입니다. 재빨리 피하신 겁니다. 요나가 다시 달려들 것을 아신 것입니다. 하나님은 요나의 분노를 피해 주셨습니다. 하나님이 꾹 눌러 버리면 끝날 일이었는데 그렇게 하시지 않았습니다. 분노한 요나를 더 이상 건드리지 않고 피해 주셨습니다. 인자하신 하나님입니다.

분노는 죄를 짓게 합니다. 따라서 반드시 치유해야 합니다.

사랑의 굶주림: 나는 사랑에 집착한다

어릴 때에 엄마 아빠로부터 사랑을 충분히 받지 못하고 오히려 차별 대우를 받고 자란 사람들에게는 굶주림이 있습니다. 요즘은 아이를 많이 낳지 않으니 덜 하겠지만 옛날에는 둘째 아이에게 사랑의 굶주림이 많았습니다. 큰아들에게는 언제나 이것저것 사 주고 '우리 큰아들'이라고 떠받드는데, 둘째 아들에게는 "형이 입던 옷이나 입어라" 하니 서럽습니다. 무엇 하나 새것을 가져본 적이 없을 정도입니다. 그러다 보니 둘째 아들이 꼭 모난 행동을 하곤 했습니다.

요즘은 시대가 달라져서 형제자매 사이의 편애보다는 과외다 학원이다 해서 밖으로 도는 스케줄이 많은 탓에 가족끼리 대화할 시간이 없어서 사랑에 굶주리는 경우가 많습니다.

이런 사람들은 늘 사랑 결핍증에 걸려 있습니다. 그래서 사랑을 주는 대상을 찾아서 집착하기 마련입니다. 술, 담배, 마약, 게임, 노름, 섹스 등에 중독될 가능성이 높습니다.

아이들이 게임 중독에 빠지는 것도 사실은 부모에게 사랑을 못 받아서 그런 것입니다. 시험을 잘 보든 못 보든 상관없이 사랑해 주고, 앞으로 잘할 수 있다고 격려해 주는 것이 아니라 무조건 공부하라고 압력을 가한다면 그것은 아이를 사랑하는 것이 아니라 핍박하고 억압하는 것입니다. 그 때문에 아이들이 게임에 빠져듭니다. 게임 속에서는 자기 마음대로 다 할 수 있으니까요.

또 이런 사람은 이단에 잘 빠집니다. 이단이 관심과 사랑을 주는 것 같거든요. 이단은 처음 공동체에 들어오는 사람에게 정성을 기울입니다. 자기 공동체에 빠지게 하고 이탈을 방지하기 위해 그러는 것이지 진정한 관심과 사랑에서 그러는 것이 아닙니다. 그래서 사랑을 많이 받아 본 사람은 그것이 진정한 관심과 사랑이 아니라는 것을 알아차리고 여간해서는 이단에 잘 빠지지 않습니다. 그러나 굶주림이 심한 사람은 일순간에 푹 빠져 버립니다. 어떻게 해서든 사이비 종교 공동체라도 들어가려고 무슨 짓이든 합니다.

받아야 할 사랑을 못 받으니까 사랑을 갈망하면서 집착할 수 있는 대상에 빠집니다. 그 사람이 나빠서가 아니라 사랑을 갈구하는 애착과 집착이라는 뿌리가 있어서 그렇습니다.

'사랑 찾아 삼만 리'를 외치며 사랑에 굶주린 사람들은 쉽게 성관계에 빠집니다. 이성이 사랑한다고 하면 몸도 마음도 다 바칩니다. 이성을 얻기 위해 몸을 내주는 것입니다. 몸을 주면 버리지 않을 것이라고 생각하는데 절대 그렇지 않습니다. 특히 남자는 상대의 몸을 얻으면 곧 시들해지고 다른 여자를 쳐다봅니다. 사랑의 불씨가 확 꺼져 버리는 거죠. 그런데 그렇게 되면 여자는 더 집착하게 됩니다. 대부분이 그렇습니다.

아무리 신앙이 좋은 자매라도 사랑에 대한 굶주림이 있다면 어이없을 정도로 쉽게 넘어질 수 있습니다. 하지만 절대 잠자리를 가지면 안 됩니다. "우리의 첫날밤을 위해서 아끼고 보호하겠어"라고 말할 수 있어야 합니다. 몸 바쳐 헌신하다 헌신짝처럼 버려지는 일이 있으니 조심해야 합니다.

아버지의 사랑을 충분히 받지 못했던 야곱은 팥죽으로 형 에서를 속여서 장자권을 사고 몸에 털을 붙이고 아버지를 속여서 축복을 가로채기까지 했습니다. 그러다 외삼촌 라반의 집으로 도망간 야곱은 그곳에서 마음에 드는 여자를 만났습니다. 라헬에게 폭 빠진 야곱은 그녀를 얻기 위해 14년을 수일처럼 여기며 일했습니다. 라헬이 일찍 죽자 야곱은 라헬이 낳은 아들 요셉에게 푹 빠집니다.

이렇게 야곱은 평생토록 어딘가에 푹 빠져서 살았습니다. 지나치게 편애했습니다. 오죽하면 형들이 요셉을 죽이려고까지 했겠습니까?

사랑에 대한 굶주림이란 이런 것입니다. 결국 야곱은 이렇게 고백했습니다.

"야곱이 바로에게 아뢰되 내 나그네 길의 세월이 백삼십 년이니이
다 내 나이가 얼마 못 되니 우리 조상의 나그네 길의 연조에 미치
지 못하나 험악한 세월을 보내었나이다"(창세기 47:9).

사랑에 굶주리면 평생 뛰어다닙니다. 다윗도 그랬습니다. 그도 사랑을 찾아다니느라 평생토록 아픔을 겪었습니다.

하나님께서 이새의 아들 중 하나를 왕으로 세우겠다고 하시자 사무엘이 이새와 그의 아들들을 제사에 청해 첫째부터 일곱째까지 하나씩 봅니다. 그러나 하나님이 그들을 선택하시지 않자 사무엘이 이새에게 다른 아들이 또 있는지 물었습니다.

"또 사무엘이 이새에게 이르되 네 아들들이 다 여기 있느냐 이새가
이르되 아직 막내가 남았는데 그는 양을 지키나이다 사무엘이 이

새에게 이르되 사람을 보내어 그를 데려오라 그가 여기 오기까지
는 우리가 식사 자리에 앉지 아니하겠노라"(사무엘상 16:11).

여기서 '막내'라는 말은 다윗을 무시하는 말입니다. 막내는 이 자리
에 설 자격이 없다는 뜻입니다. 하지만 사무엘은 다윗에게 기름을 붓
습니다.

하나님을 모욕하고 있는 골리앗을 보고 다윗이 나서서 물리치겠다
고 했을 때 형들이 또 무시합니다.

"큰형 엘리압이 다윗이 사람들에게 하는 말을 들은지라 그가 다윗
에게 노를 발하여 이르되 네가 어찌하여 이리로 내려왔느냐 들에
있는 양들을 누구에게 맡겼느냐 나는 네 교만과 네 마음의 완악함
을 아노니 네가 전쟁을 구경하러 왔도다"(사무엘상 17:28).

다윗은 아버지와 형들에게 무시당했고, 아내 미갈한테서도 무시당
했습니다. 게다가 장인인 사울 왕에게서는 생명의 위협을 당하기도 했
습니다. 광야에서 오랫동안 도망 다니며 죽을 고생을 했습니다. 말년
에는 아들 압살롬이 아버지를 죽이겠다고 덤벼들었습니다.

다윗은 가장 사랑을 주어야 할 부모, 형제, 아내, 장인, 아들이 전부
자기를 외면하고 미워하는 상황 속에서 살았습니다. 이것이 다윗의 가

장 큰 상처입니다. 그에게는 사랑에 대한 굶주림이 있었습니다. 그래서 예쁜 여자에게 집착했습니다. 사랑에 대한 집착입니다.

하나님의 마음에 합한 자라고 했던 다윗이 어떻게 밧세바를 범하고 그의 남편 우리야를 죽이는 죄를 범할 수 있었겠습니까? 사랑 결핍증 때문입니다. 사랑에 굶주리면 강간에 살인까지도 서슴지 않을 수 있습니다. 예수를 잘 믿어도, 하나님이 쓰시는 사람이라도 사랑 결핍이 있으면 한순간에 넘어질 수 있습니다. 영적 지도자들이 넘어지는 것도 다 이 때문입니다.

다윗은 자기 마음을 믿을 수가 없었습니다. 그래서 하나님께 부탁했습니다.

"하나님이여 나를 살피사 내 마음을 아시며 나를 시험하사 내 뜻을 아옵소서 내게 무슨 악한 행위가 있나 보시고 나를 영원한 길로 인도하소서"(시편 139:23-24).

하나님은 다윗의 중심을 아셨습니다. 그 연약함과 눈물을 아셨어요. 그래서 다윗이 심장을 두드리며 통곡하며 울 때 용서해 주셨습니다.

문제가 많은 우리도 치유 받을 수 있습니다. 다윗을 치유하신 하나님이 당신에게도 그 넓은 치유의 손길을 내미실 것입니다.

두려움:
내가 이렇게
행복할 리 없는데

어릴 때부터 엄마 아빠가 치고 박고 싸우는 환경에서 자란 사람들에게는 두려움이 있습니다. 비록 자기가 맞지는 않아도 무서워서 이불을 뒤집어쓰고 덜덜 떨며 살았기 때문입니다. 이런 것을 경험한 사람은 큰 소리만 나도 벌벌 떱니다. 걱정, 근심, 불안, 공포가 떠나지 않습니다. 무슨 일이 생길 것만 같아서 매사에 두렵고 걱정됩니다.

일본의 방사능이 한국까지 날아올까 걱정하고, 혹시라도 쓰나미가 몰려오지는 않을까 걱정하면서 바다를 경계합니다. 걱정거리가 많다 보니 사람들과의 관계가 그리 좋지 않습니다. 가장 큰 문제는 건강염려증입니다. 자꾸 아프다고 느끼고 자신에게 안 좋은 일이 생길 것이라고 불안해합니다. 그래서 이 병원, 저 병원을 찾아다니며 온갖 검사를 다 해 봅니다. 검사결과가 '양호'로 나와도 좋아하기는커녕 오히려더 불안해합니다. 의사가 실력이 없어서 못 찾아냈다고 생각하는 것입니다. 그러다 진짜로 문제가 있다는 진단이 나오면 그때서야 마음에평안을 느낍니다.

성경은 근심하지 말라(요 14:1), 염려하지 말라(마 6:25), 네 모든 염려를 다 주께 맡겨 버리라(벧전 5:7)고 권면합니다. 근심이나 염려는 다 두려움에서 나옵니다.

두려움이 많은 사람이 제일 좋아하는 말은 '호사다마(好事多魔)'입니다. 좋은 일이 생기면 반드시 나쁜 일이 올 것이라고 굳게 믿습니다. 좋은 일이 있는데 나쁜 일이 생기지 않으면 불안해하며 걱정합니다. 그러다가 드디어 나쁜 일이 터지면 '그럴 줄 알았다'며 그때서야 마음을 놓습니다.

데이트할 때도 마찬가지입니다. 사랑이 싹트는 만큼 두려움도 함께 커집니다.

"나는 이 사람이 점점 더 좋아지는데, 이 사람이 갑자기 이별을 통보하면 어떡하지?"

두려워서 안절부절못하고 집착하기도 하고 혼자 이별 연습을 하기도 합니다. 그러다가 정말로 이별을 맞으면 괴로워하는 게 아니라 오히려 안심합니다. 올 것이 왔다고 생각하는 거예요. 결혼에 이르기보다는 이별이 훨씬 더 편한 겁니다. 모든 데이트가 다 이와 똑같은 과정을 거쳐 끝나고 맙니다.

한 달란트 받은 종이 왜 달란트를 땅속에 묻었을까요? 두려움 때문이었습니다.

"한 달란트 받았던 자는 와서 이르되 주인이여 당신은 굳은 사람이라 심지 않은 데서 거두고 헤치지 않은 데서 모으는 줄을 내가 알았으므로 두려워하여 나가서 당신의 달란트를 땅에 감추어 두었

나이다 보소서 당신의 것을 가지셨나이다"(마태복음 25:24-25).

두려움 때문에 아무 일도 못 합니다. 그러니 대인관계도 좋지 않습니다. 이런 사람은 데이트를 못합니다. 애인이 자기를 떠날 것이라고 생각하기 때문입니다.

열등감: 나는 언제나 문제가 많다

어렸을 때부터 늘 비교당하며 자란 사람에게는 열등감이 있습니다. 특히 한국인에게 많이 보이는 것 같습니다.

"넌 왜 그렇게 공부를 못해? 옆집 지성이는 이번에도 일등 했다는데."

"남들 키 클 때 넌 뭐했니? 도대체 앉은 거야 선 거야?"

성적이나 외모로 평가하고 비교하고 무시합니다. 어린아이들이 짓는 별명들을 보세요. 모두 약점을 이용해서 별명을 짓잖아요. 약점 때문에 열등감이 생깁니다.

그런데 남자보다 여자들이 열등감을 쉽게 느낍니다. 여자들은 질투심이 있어서인지 늘 다른 사람과 자신을 비교합니다. 자기 얼굴을 보면서 만족하는 사람은 별로 없습니다. 여자들이 왜 그렇게 거울을 열심히 보느냐면 열등감을 커버하기 위해서예요.

언제부터인가 한국은 성형공화국이 되어 버렸습니다. 재미있는 건 젊고 예쁜 여자가 성형수술을 더 많이 한다는 사실입니다. 특히 가슴 크기에 열등감을 느끼는 사람이 많은 것 같습니다.

미국에서 의사 생활을 할 때 한번은 젊은 여자가 찾아왔습니다. 키 크고 아주 예쁘게 생긴 백인 여성이었는데 유방 확대 수술을 원했어요. 저는 그녀가 작은 가슴 때문에 고민하는 사람인 줄 알았습니다. 그런데 막상 수술실에 들어가서 보니 수술을 안 하는 게 나을 정도였습니다. 아는 사람이었다면 어떻게든 말리고 싶은 심정이었습니다. 하지만 그녀는 의사의 만류에도 수술을 했습니다. 제가 볼 때는 더 아름다워진 게 아니라 오히려 추해진 것 같았습니다. 이게 바로 비교 의식, 열등감 때문에 벌어지는 일입니다.

당신은 이미 하나님이 완벽하게 만드신 걸작품입니다. 외모보다는 내면의 아름다움에 더 신경 써야 하지 않을까요? 조금 더 예뻐지길 원한다면 화장술을 익히고 단정하고 센스 있는 의상에 신경 쓰는 편이 낫습니다. 웃는 얼굴이면 충분합니다.

여성은 아름다워야 합니다. 남자는 눈이 약하기 때문에 여자가 어느 정도는 외모를 가꾸어야 합니다. 하나님은 내면을 보시기 때문에 외모를 가꾸지 않아도 된다고 생각하는 자매들이 있는데 이는 참 어리석은 생각입니다. 하나님은 외모가 어떻든 만나주시지만 남자는 후줄그레

한 여자를 만나기 싫어합니다. 스스로 가꾸지 않으면 데이트하기 힘듭니다.

그렇다고 외모만 가꾸고 내면을 방치하면 되겠습니까? 여성의 아름다움은 생김새가 아니라 자신감과 표정에서 나옵니다. 겉으로는 별로 눈에 안 띄고 평범할지라도 건강한 내면에서 나오는 웃음과 에너지가 사람을 아름답게 보이도록 하는 것입니다.

열등감을 극복해 보려고 수백만 원짜리 명품 백을 사고, 월급 톡톡 털어서 외제차를 굴리고, 카드 결제대금이 연체되도록 긁어 대면 뭐합니까? 그것으로 열등감이 감춰지던가요? 이런 사람은 결혼해서도 마찬가지입니다. 행복한 결혼생활을 해 나가기가 어렵습니다. 겉은 번지르르해 보여도 늘 가난과 빚에 쪼들릴 수밖에 없습니다. 열등감을 이기지 못한다면 말입니다.

성경에서 열등감 때문에 망한 사람을 꼽으라면 단연 사울 왕입니다. 그는 이스라엘의 왕이었습니다. 자신의 자리에 만족하고 지냈다면 무슨 열등감이 있었겠습니까? 그런데 다윗이 나타나면서부터 열등감에 시달립니다.

"여인들이 뛰놀며 노래하여 이르되 사울이 죽인 자는 천천이요 다윗은 만만이로다 한지라"(사무엘상 18:7).

이 노래를 들은 다음부터 사울은 다윗에 대한 질투심 때문에 열등감에 빠졌습니다. 다윗을 죽이려고 쫓아다녔습니다. 하지만 결국 정신병에 걸려서 비참한 최후를 맞이하고 말았습니다. 열등감이 이렇게 무섭습니다.

사울은 처음부터 열등감의 문제를 갖고 있었습니다. 사무엘을 처음 만났을 때 사울은 왕이 될 수 없다고 숨었습니다. 그때 이미 열등감의 뿌리가 보였습니다. 왕이 되자 일시적으로는 치유가 된 듯 보였지만 근본적인 치유가 아니었습니다. 성형 수술하고 나서 자존감이 높아진 것 같지만 오래 가지 않는 것처럼 말입니다. 근본 문제는 해결이 안 된 것입니다. 다윗이 나타나자 열등감 문제가 다시 나타난 걸 보면 알 수 있습니다. 문제를 근본적으로 해결해야 합니다.

당신은 하나님의 자녀, 하나님의 걸작품입니다. 세상에 하나밖에 없는 소중한 사람입니다. 이것으로 기뻐하십시오. 키가 크든 작든, 몸이 날씬하든 뚱뚱하든, 공부를 잘하든 못하든 하나님의 자녀라는 신분이 당신을 빛나게 만듭니다. 열등감을 벗어던지십시오. 그리고 하나님의 자녀로서의 거룩한 자존감을 입으십시오. 당신은 지금 그 모습 그대로가 아름답고 멋집니다.

죄책감:
나는 언제나
완벽해야 해

죄책감은 완벽주의 부모나 예수 잘 믿는 사람 중에 율법주의 부모 밑에서 자란 사람들에게서 많습니다. 그들은 언제나 완벽하고 의로운 삶을 살아야 된다고 생각하지만 실제로는 그렇게 못 살잖아요. 겉으로는 하는 척하지만 못 하는 거예요. 그러면 거기에 미치지 못하는 자신 때문에 언제나 죄책감을 느낍니다. '나는 안 돼' 하고 우울증에 빠집니다. 죄책감이 심한 사람은 자학에 빠지거나 자살해요. 무섭습니다. 죄책감은 반드시 치유되어야 합니다.

저는 어렸을 때부터 교회를 다녔는데 우리 집은 상당히 율법적인 가정이었어요. 할아버지는 신사참배를 거부하고 순교를 당하셨습니다. 저는 중학교 때부터 의과대학을 졸업할 때까지 철저히 주일성수를 했고 주일에는 공부해 본 적이 없습니다. 오랫동안 율법적으로 주일성수하다가 대학 2학년 때 예수님을 인격적으로 만난 뒤부터는 하나님의 은혜 안에서 영적인 예배를 드릴 수 있었습니다. 그럼에도 불구하고 저는 죄책감이 많았습니다. 주일성수를 할 수 있었던 것도 죄책감 때문이었습니다. 공부하느라 주일성수를 못하면 하나님께 혼날 거라고 생각했으니까요. 죄책감에 빠지면 매사에 자기계발을 하지 못하고 스스로를 학대합니다.

죄책감이 좋게 작용하면 하나님 앞에 회개하며 돌아서는 축복이 되지만, 나쁘게 작용하면 자기를 학대하는 저주가 됩니다. 정도가 심하면 "왜 태어났을까. 차라리 태어나지 않았더라면 지옥에는 안 갈 텐데…"라는 생각까지 하게 됩니다. 살아 있는 존재 자체가 죄라고 여기는 것입니다.

이렇게 죄책감에 빠진 사람은 스스로 자기는 결혼할 자격이 없는 사람이라고 여깁니다. 행복해지면 안 되는 사람이라고 생각합니다. 자기를 학대하고 괴롭히기까지 합니다. 죄인인 자기에게 스스로 형벌을 가하는 것입니다. 그래서 이런 사람은 데이트도 할 수 없습니다. 자기와 결혼하는 상대는 불행해진다고 믿습니다.

죄책감은 너무나 무섭습니다. 죄책감을 크게 느끼는 사람은 결혼하지 못합니다. 왜냐면 죄가 감당할 수 없을 정도로 크게 느껴지기 때문입니다. 자기와 결혼하는 사람은 분명히 불행해질 것이라고 믿습니다.

우리를 구원하시기 위해 이 땅에 오신 예수 그리스도를 의지하십시오. 당신의 모든 죄를 담당하기 위해 십자가에서 죗값을 치르고 죽으셨다가 살아나신 것을 믿으시기 바랍니다. 우리는 아무 공로 없지만 하나님의 자녀가 되었고 죄에서 해방되었습니다. 그러니 이제부터라도 예수 그리스도를 믿고 죄책감에서 해방되기를 간절히 바랍니다.

성경에서 죄책감 하면 가장 먼저 떠오르는 인물이 바로 사도 바울입니다. 사도 바울은 율법주의자에 바리새인이었습니다. 늘 죄책감에 싸여 있었습니다. 죄책감을 이기려면 스스로 의로워져야 합니다. 바울은 의로운 모습을 보이기 위해 스데반을 죽이는 데 앞장섰고 예수 믿는 사람들이 다메섹에 있다니까 거기까지 쫓아간 겁니다. 모두 죽여서 자신의 의를 드러내고 싶었던 것이죠.

그런데 그랬던 바울이 결과적으로 어떤 고백을 했습니까?

"내가 원하는 바 선은 행하지 아니하고 도리어 원하지 아니하는 바 악을 행하는도다"(로마서 7:19).

"오호라 나는 곤고한 사람이로다 이 사망의 몸에서 누가 나를 건져 내랴"(로마서 7:24).

죄책감이 사망으로 연결됩니다. 사실 건강한 죄책감은 회개를 일으키고 자기 성장을 일으킵니다. 그러나 병적인 죄책감의 종말은 자살입니다.

가룟 유다는 죄책감 때문에 자살했습니다. 그러나 베드로는 예수님을 부인했다는 죄책감을 갈릴리 해변가에서 예수님을 만나고 난 후에 회복합니다. 즉 죄책감이 치유되면 건강하게 회복됩니다.

사도 바울도 나중에는 회복의 노래를 불렀습니다.

"그러므로 이제 그리스도 예수 안에 있는 자에게는 결코 정죄함이 없나니 이는 그리스도 예수 안에 있는 생명의 성령의 법이 죄와 사망의 법에서 너를 해방하였음이라"(로마서 8:1-2).

"이 모든 일에 우리를 사랑하시는 이로 말미암아 우리가 넉넉히 이기느니라 내가 확신하노니 사망이나 생명이나 천사들이나 권세자들이나 현재 일이나 장래 일이나 능력이나 높음이나 깊음이나 다른 어떤 피조물이라도 우리를 우리 주 그리스도 예수 안에 있는 하나님의 사랑에서 끊을 수 없으리라"(로마서 8:37-39).

이것이 바로 죄책감에서 승리한 사람의 모습입니다. 크리스천은 죄에 대해 민감해야 합니다. 그래야 회개가 일어납니다. 그러나 죄책감에게 지지 말고 승리해서 자유를 누려야만 합니다.

죄를 짓고도 죄책감을 느끼지 않는다면 화인 맞은 자입니다. 죄를 지었으면 당연히 죄책감을 느껴야 합니다. 그리고 회개하고 회복되어야 합니다. 그렇게 회복되면 바울처럼 담대하고 베드로처럼 위대한 일을 이룰 수 있게 됩니다. 건강한 죄책감으로 아름다운 회복을 이루시기를 바랍니다.

대개의 사람들은 이 여섯 가지 중에 하나쯤은 해당 사항이 있을 것입니다. 만약에 하나도 없다고 생각한다면 다시 한 번 진지하게 점검해 봐야 할 것입니다.

이 여섯 가지 문제들 때문에 데이트 한번 제대로 못하고, 결혼도 못하고, 부부 생활도 못하는 경우가 많습니다. 가정에서, 교회에서, 사회에서 문제를 일으키게 됩니다. 옆 사람이 밉고, 그 사람이 싫고, 저 사람이 나쁜 것은, 사실 그 사람이 문제가 아니라 내가 문제인 것입니다. 당신이 변화되면 온 세상이 변화될 것입니다.

자, 이제부터는 어떻게 하면 건강한 나로 회복될 수 있을지에 대해서 이야기를 나누도록 하겠습니다.

Chapter 4

건강한 내가
건강한 짝을
만난다

깊숙이 숨은 상처는
찔러
쪼개야 한다

　내면의 상처를 치유하지 않으면 시기, 질투, 미움, 다툼이 일어납니다. 이걸 한번 고쳐 보겠다고 부흥회에 참석하기도 하고, 산 기도도 가고, 금식기도도 해 보지만 딱 그때뿐입니다. 금세 다시 쓴 뿌리가 올라옵니다. 마치 맹장염에 걸렸는데 배가 아프다고 약만 먹고 맹장을 치료하지 않는 것과 같습니다. 쓴 뿌리를 근본적으로 완전히 제거하지 않으면 언제든 다시 올라올 것입니다.

　예를 들어 시기, 질투 하고 싶지 않아도 근본 원인인 열등감을 치료하지 않으면 계속 그 감정에 휩싸이게 됩니다. 그로 인해 몸이 아파 병

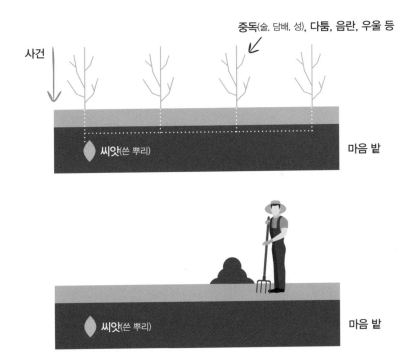

원에 가서 진찰을 받아 봐야 "잘 모르겠는데요. 약을 드시고 좀 쉬세요"라는 얘기밖에 듣지 못할 것입니다. 의사도 사람인지라 결코 완전한 치유자가 될 수 없습니다.

누가 치유할 수 있습니까? 하나님이십니다. 의사는 하나님이 사용하시는 도구일 뿐입니다. 의사는 딱딱해진 마음 밭을 캐내려 애쓰지만 한계가 있습니다. 참된 치유자는 오직 하나님이시라는 사실을 믿고 하나님께만 매달리십시오. 오직 하나님만이 마음 깊은 곳에 있는 쓴 뿌리를 캐내실 수 있습니다.

그렇다면 하나님께서는 쓴 뿌리를 어떻게 캐내실까요? 히브리서에서 그 해답을 찾을 수 있습니다.

> "하나님의 말씀은 살아 있고 활력이 있어 좌우에 날선 어떤 검보다도 예리하여 혼과 영과 및 관절과 골수를 찔러 쪼개기까지 하며 또 마음의 생각과 뜻을 판단하나니"(히브리서 4:12).

한마디로 수술하시겠다는 것입니다. 깊이 숨은 상처를 치료하려면 수술해야 됩니다. 맹장염을 없애려고 배에 반창고를 붙이는 일은 없으니까요. 배를 째고 맹장을 잘라 내야 고칠 수 있습니다. 내면의 숨은 상처는 오직 하나님만이 만지실 수 있습니다. 하나님만이 치료법을 아십니다.

하나님은 말씀으로 수술하십니다. 살아 있는 말씀으로 예리하게 도려냅니다. 말씀은 모든 병을 진단하고 치유하는 능력이 있습니다. 말씀이 육신이 되어 우리 가운데 거하시는 분이 바로 예수 그리스도입니다(요 1:14).

말씀의 검이 '혼과 영과 관절과 골수'를 찔러서 쪼갠다고 했습니다. 혼은 지정의(知情意)를 말합니다. 우리 마음속에 있는 모든 지식과 감정, 의지입니다. 영은 하나님과의 관계입니다. 관절은 뼈와 뼈를 연결시키는 것으로 모든 인간관계를 뜻합니다. 교우관계, 친구관계, 부부관계, 부모 자식 관계 등이 모두 관절입니다. 골수는 우리 몸의 가장 깊은 곳에 있습니다. "뼛속까지 아프다. 뼛속까지 춥다"는 말이 있듯이 골수는 쓴 뿌리에 있는 씨앗을 가리킵니다.

말씀이 '혼과 영과 관절과 골수'를 쪼개서 전부 드러냅니다. 깊숙이 숨은 쓴 뿌리, 하나님과의 문제, 사람들과의 문제를 전부 노출시킵니다. 그뿐만 아니라 째고 찔러 쪼개서 그대로 노출시키고 치유하십니다. 이것이 바로 말씀의 능력입니다.

말씀 묵상은
현실적인
치유법이다

의사로서의 고민은 아무리 수술을 잘해서 집에 보내도 더 악화시켜 찾아오는 환자들이 있다는 것입니다. 왜냐면 집에 돌아가서 부부 싸움을 자주 하고 자녀 때문에 골머리를 앓고 온갖 갈등과 문제로 스트레스를 받아서 건강이 악화되는 것입니다. 결국 의사가 병을 고쳐서 보낸 게 아니라 싸울 힘을 만들어서 보낸 것입니다. 이것은 치유가 아닙니다. 치유란 사람의 본질인 영혼육이 다 건강해지는 것입니다.

저는 가정을 치유해야겠다고 생각했습니다. 왜냐하면 가정이야말로 가장 죄를 많이 짓는 곳이고, 가장 스트레스를 많이 받는 곳이고, 가장 상처를 많이 주고받는 곳이기 때문입니다.

그렇지만 '어떻게 치유하는가'에 대한 문제는 고민이었습니다. 저는 예수님을 영접하고 말씀을 읽고 성경공부를 하고 암송도 하고 1년에 한 번씩 성경일독도 하고 전도도 열심히 했지만 삶에 큰 변화가 없었고 잘 모르겠지만 늘 숨어 있는 뭔가가 있는 걸 느꼈습니다.

그러다 28년 전부터 의지적으로 말씀 묵상을 하기 시작했습니다. 처음에는 힘이 들었는데, 점점 생활화가 되니 그 다음부터는 말씀 묵상 시간이 성경 읽기나 성경 암송, 성경연구가 아닌 말씀 속에 살아 계신 성삼위 하나님을 만나는 시간이 되었습니다. 말씀 묵상을 통해 하나님을 만나기 시작한 것입니다. 하나님과 교제하기 시작한 거예요.

그때부터 주님께서 저에게 가르쳐 주셨습니다. 제 안에 있는 쓴 뿌리가 무엇인지, 왜 제가 그렇게 행동해 왔는지, 왜 제게 그렇게 많은 문제가 있었는지, 왜 그렇게 많이 싸웠는지, 왜 그렇게 우울했는지 가르쳐 주시기 시작했습니다. 말씀 속에서 깨달아지고 주님의 음성을 영으로 듣기 시작했습니다. 그때부터 주님과 깊은 영적 교제를 나누며 동행하게 되었습니다. 그렇게 하면서 제 속에 숨어 있는 많은 상처들이 튀어나왔습니다.

말씀 묵상하다가 여러 번 땅바닥에 엎드려 통곡했습니다. 울어도 못하고, 힘써도 못하고, 참아도 못합니다. 맞습니다. 제 힘으로는 아무것도 할 수 없었습니다. 스스로 고칠 수 없는 어떤 것이 있었습니다. 저는 그저 통곡하면서 하나님께 부르짖기만 했습니다. 그럴 때 주님께서 저의 상처를 보여 주시고 만져 주셨습니다. 통곡하는 저를 안아 주시고 치유의 손길을 부어 주셨습니다. 그때부터 제가 변화되기 시작했습니다. 말씀의 치유 능력이 저에게 나타나기 시작했습니다.

제가 변화되자 부부 생활이 변화되고, 자녀관계, 직장관계, 교우관계, 친구관계가 변화되고, 삶에 변화가 일어나기 시작했습니다. 제가 변화되니까, 아내와 자녀들이 변화되기 시작했습니다. 직장의 동료들이 변화되기 시작했습니다.

그러더니 주님께서는 저를 세계 곳곳에 보내기 시작하셨습니다. 그때부터 전 세계로 다니기 시작했습니다. 제가 의사를 그만둔 것은 제 계획이 아니었습니다. 주님의 말씀에 순종한 것뿐입니다.

주님이 가라면 가고, 서라면 섰습니다. 제 생각으로 이리저리 재지 않고 단순하게 행동했습니다. 단순하게 순종했습니다. 그 다음부터 제 안에 자유가 찾아오고, 모든 관계가 좋아지기 시작했고, 젊어지고, 기쁨과 감사가 넘쳤습니다.

의사의 높은 월급을 내려놓으니 큰 집을 팔아야 했습니다. 옛날보다 가난한 생활을 해야 했지만 하나님이 제 안에 계시니까 모든 것을 수용할 수 있었습니다. 지금도 기쁘고 감사합니다. 어떤 상황에서도 주님을 보고, 주님의 음성을 듣고 해석하게 됩니다.

저는 수시로 주님께 묻습니다.

"주님, 어떻게 하면 좋을까요?"

말씀 묵상으로 주님과 대화하는 것은 무척 단순하지만 재미있습니다. 제게 아직도 많은 약점이 남아 있고, 주님은 지금도 저를 치유하고 계십니다. 어느 날 뚝딱 고쳐지는 게 아닙니다. 그래서 주님의 형상을 닮아 간다고 말하는 것 같습니다. 성화(聖化), 즉 계속 주님의 형상을 닮아 간다는 겁니다. 그래서 내일이 더 기다려지는 거예요.

매일 말씀을 묵상해 보십시오. 거기에 치유가 있습니다. 말씀이 곧 치유제입니다. 말씀 속에 들어가세요. 거기서 예수님을 만나세요. 살아 계신 하나님과 교제하십시오. 그의 음성에 집중하세요. 그러면 주님께서 당신의 병을 가르쳐 주시고 치유해 주십니다.

하나님은 '여호와 라파', 즉 치유하시는 하나님입니다.

외양간에서 나온
송아지같이
뛰리라

주님의 치유의 손길이 임하면 주위 사람들이 모두 사랑스러워 보이기 시작합니다. 나를 괴롭히거나 험담하는 사람들을 미워하는 게 아니라 긍휼로 바라보게 됩니다.

'저 사람이 하나님을 몰라서 저러는구나. 내가 저 사람을 위해서 기도해 주어야겠다.' 하는 마음이 들고 기도를 하기 시작하면 실제로 미운 마음이 싹 사라집니다.

미워하면 닮는다는 말이 있습니다. 미워서, 싫어서 아침저녁으로 생각하다 보면 어느새 자기도 모르게 그 사람과 닮아 갑니다. 그러니 미워하지 마십시오. '원수' 같은 사람을 매일 묵상하지 마십시오.

건강하기 원하십니까? 그렇다면 용서하십시오. 당신을 괴롭힌 사람, 어릴 때 성폭행한 사람이라도 다 용서하십시오.

"너희 중에 누가 염려함으로 그 키를 한 자라도 더할 수 있겠느냐"

(마태복음 6:27).

"너희는 마음에 근심하지 말라 하나님을 믿으니 또 나를 믿으라"

(요한복음 14:1).

염려하지 말고 걱정하지 말라는 것입니다. 걱정거리가 있으면 지금 내려놓으세요. 집채만한 짐을 들고 새벽기도 가서 눈물 콧물 흘리고 기도하고 나면 빈손으로 돌아오십시오. 주님께 다 맡기고 자유함으로 나오세요.

"항상 기뻐하라 쉬지 말고 기도하라 범사에 감사하라 이것이 그리스도 예수 안에서 너희를 향하신 하나님의 뜻이니라"(데살로니가전서 5:16-18).

주님은 '기쁠 때만 기뻐하고, 기분 나쁠 때는 성내라'고 하지 않으셨습니다. 좋은 일이 있어도 기뻐하고 감사하고, 나쁜 일이 있어도 기뻐하고 감사하라고 하셨습니다. 마음으로는 안 되는데 '무슨 이유인지는 모르겠지만 감사하라고 하시니 우선 감사하고 보겠습니다' 하고 억지로 하라는 게 아닙니다. 마음을 먼저 내려놓으세요. 그게 변화입니다. 그러면 그렇게 보기 싫던 사람이 좋아지기 시작할 것입니다.

당신이 먼저 깨어져야 그 깨어진 틈으로 햇볕이 들어오는 거예요. 하나님의 빛이 들어와야 완고하고 꽁꽁 묶여 있던 또 다른 자아가 풀리고 치료가 되는 것입니다.

"내 이름을 경외하는 너희에게는 공의로운 해가 떠올라서 치료하는 광선을 비추리니 너희가 나가서 외양간에서 나온 송아지같이 뛰리라"(말라기 4:2).

예수 믿는 사람은 모두 이 치유의 광선을 받아야 합니다. 하나님 안에서 송아지같이 뛰는 자유함을 누리시기 바랍니다.

PART 2

매력 있는
독신 기간,
이렇게 보내라

Chapter 5

나는 왜
싱글인가?

결혼은
하나님의
섭리와 계획이다

얼마 전 읽은 신문기사에 의하면, 35~49세 중에서 남자는 5명 중 1명이 독신이고, 여자는 10명 중 1명이 독신이라고 합니다. 초혼 연령은 남자가 32.3세, 여자가 30세이고, 결혼이 선택이라고 말한 사람이 29.8%, 꼭 해야 한다고 대답한 사람은 20%에 불과했습니다. 결혼에 대한 가치관이 변화한 탓이라고 하는데 어쨌든 이제는 결혼을 인류지대사(人倫之大事)라고 믿는 사람이 그렇게 많지는 않은 것 같습니다.

사도 바울은 주님께 헌신하고 복음을 전하려면 자기처럼 독신인 게 좋다고 말했습니다(고린도전서 7장). 제가 아는 예쁜 자매는 20대 초반에 일본으로 유학 갔다가 지금은 40대 후반의 나이가 되어 선교사로서 혼자 살고 있습니다. 제가 몇 번이나 결혼하라고 강권했는데도 자기는 결혼할 생각이 없고 주님께 봉사하고 싶다고 하더니 지금은 교토 지역에서 멋있게 선교하고 있습니다. 얼마 전에 만났는데 얼굴이 매우 밝았습니다. 그 자매는 결혼은 안 했지만 결혼보다 선교하는 게 더 재미있다고 합니다. 그 자매를 보면 독신 생활도 그리 나쁘지만은 않다는 생각을 합니다. 독신으로서 행복할 수 있다면 그것도 괜찮습니다.

어쩌다 그런 사람들이 한둘 있습니다. 짝을 찾다가 못 찾아서 할 수 없이 혼자가 되는 게 아니라 원래부터 독신을 원하는 그런 사람이 있습니다. 선교사 중에 특히 그런 사람이 많은데 절대 이상하거나 나쁜 것이 아닙니다.

결혼하지 않고도 사랑과 존경을 얻을 수 있습니다. 그런 사람은 독신으로 살 수 있습니다. 특수한 은혜와 특수한 은사를 받은 경우입니다. 그러나 하나님의 일반적인 섭리와 계획은 당연히 결혼에 있습니다.

지금 독신인 사람은 하나님의 계획에 순종할 것인지 아니면 본인이 하나님의 특별한 은사를 받았는지 스스로 점검해 봐야 합니다.

독신,
독신주의자
그리고 독신의 은사

독신에는 크게 세 가지 종류가 있습니다. 독신, 독신주의자 그리고 독신의 은사를 받은 자입니다. 각각 무엇이 다른지 알아보도록 하겠습니다.

먼저, 독신은 결혼할 생각은 있지만 여러 가지 문제로 아직 결혼하지 않은 상태의 사람을 가리킵니다. 내면의 상처가 해결되지 않아서, 학업에 열중하느라, 집안 생계를 책임지느라 등등의 여러 가지 이유로 아직 결혼하지 않은 것입니다.

여기서 다시 미혼자 독신과 기혼자 독신으로 나눌 수 있습니다. 미혼자 독신은 아직 결혼을 하지 않았기 때문에 독신인 상태이고, 기혼자 독신은 이혼 또는 사별로 인해서 혼자가 된 상태를 말합니다. 우리는 흔히 줄여서 '돌싱'이라고 이야기합니다.

미혼자 독신보다는 기혼자 독신 쪽이 결혼에 대해 훨씬 더 신중합니다. 한번 실패한 경험이 있다 보니 생각이 많고 계산이 복잡해서 사람을 만나기가 쉽지 않습니다. 저는 기혼자 독신에게는 반드시 내적 치유를 먼저 받아야 한다고 강조합니다. 전에 부부관계를 맺었던 남편이나 아내에게서 받았던 상처를 꼭 치유해야 합니다.

중요한 것은, 혹시 지금은 힘들게 느껴진다고 해도 하나님께서 예비해 두신 짝이 반드시 있으니 만남을 기대하는 것입니다. 그 날을 위해 내적 치유를 통해 자신의 내면을 아름답게 가꾸십시오.

두 번째로 독신의 은사를 타고난 것은 아니지만 스스로 독신으로 살겠다고 마음먹고 선언한 사람을 독신주의자라고 합니다. 혹은 결혼하기 위해 노력했다가 계속되는 실패로 자포자기한 사람도 있습니다. 그래서 스스로 독신주의자라고 선언했다가도 어느 날 좋은 사람이 나타나면 결혼하기도 합니다.

독신주의자는 능력만 있으면 혼자 사는 것도 나쁘지 않다고 생각하는 사람입니다. 자신이 가진 인생의 목적을 이루는 데 결혼이 짐이 된다고 생각하기도 합니다. 자신의 일에 최선을 다해서 정상에 오르기 위해 노력합니다. 그만큼 자신의 삶에 투자하면서 화려한 싱글로 살아갑니다. 배우고 싶은 것을 열심히 배우고, 가보고 싶은 곳에 열심히 가고, 이런 저런 동호회에 가입해 활동하면서 멋진 인생을 살기도 합니다.

이와 정반대로 사는 사람도 있습니다. 혼자 사는 것을 마치 모든 육체적 욕망을 마음대로 해도 되는 줄 알고 방탕합니다. 쾌락을 추구하는 데 아무런 제동 장치가 없는 것처럼 질주하기도 합니다. 온갖 성적인 죄를 아무렇지도 않게 저지릅니다. 이런 사람은 특별히 우리가 보살펴 주어야 할(?) 사람입니다.

혼자 살면서도 자신의 삶을 순결하게, 가치 있게, 멋지게, 누가 보아도 보람 있게 살 수 있다면 독신으로 사는 것도 좋습니다. 하지만 분명한 것은 인간은 연약하다는 것입니다. 하나님도 사람이 혼자 사는 것이 좋지 않다고 하셨습니다. 독신의 은사를 받지도 않았는데 혼자 사는 사람은 끊임없는 유혹에 시달릴 수 있습니다. 한 번 떨쳐 냈다고 해서 없어지는 게 아닙니다. 시도 때도 없이 유혹이 찾아옵니다.

화려한 싱글 생활 이면에는 어려움들이 있고, 죄의 유혹도 있다는 것을 기억하시기 바랍니다. 그리고 비록 독신주의를 선언했더라도 사랑하는 사람이 나타난다면 절대로 놓치지 않기를 바랍니다.

마지막으로 독신의 은사는 '오직 하나님을 위해 살기 원하는 자에게 성적 욕망을 자제할 수 있고, 독신 상태로 만족하며 살 수 있도록 하나님께서 주신 특별한 능력'입니다. 이것은 특별한 능력입니다. 하나님의 일반 은사는 결혼해서 행복한 가정을 이루는 것입니다. 독신은 하나님께서 주신 특별은사로 특별한 사람에게 특별한 목적을 위해 주어진 것입니다.

종교적인 신념을 가지고 독신으로 지낼 것을 결심하고 결혼하지 않고 사는 사람이 독신의 은사를 받은 자입니다. 독신 전도사나 목사, 신부와 수녀 같은 사람입니다. 저는 독신의 은사를 받은 사람이 아니라면 아무리 성직자라도 성적인 욕구를 제어하는 게 쉽지 않다는 걸 압니다. 만약에 성적인 욕구 때문에 힘든 사람이 있다면 그는 독신의 은사를 받은 게 아닙니다. 그런 사람은 빨리 결혼하는 것이 좋습니다.

가톨릭의 신부나 수녀도 결혼해서 새 삶을 사는 경우가 있습니다.

밥퍼사역을 하는 최일도 목사는 어느 성당에 갔다가 아네스 로즈 수녀를 보고 한눈에 반해서 구애하여 결국 결혼했습니다. 지금은 아이를 셋 낳아 훌륭히 키우고 있습니다.

저는 기본적으로 사람은 결혼을 해야 한다고 생각합니다. 이 땅에서 하나님께서 주신 여성의 특성, 남성의 특성을 각각 잘 발휘해서 생육하고 번성하며 살아야 할 의무가 있습니다. 특히 자녀는 큰 축복입니다. 꼭 결혼하십시오.

가정은 천국의 모형입니다. 찬양이 있는 가정, 감사가 있는 가정, 대화가 있는 가정, 서로 축복하는 가정이 얼마나 아름답습니까? 독신주의를 극복하고 꼭 결혼하기 바랍니다.

독신의
은사인가
아닌가

만약 지금 당신이 독신 상태라면 결혼을 아직 하지 않은 독신 상태인지 독신의 은사를 받은 상태인지 구별할 수 있어야 할 것입니다. 당신이 독신주의자가 아니라 독신의 은사를 받은 것이라는 걸 어떻게 알 수 있을까요?

첫째, 결혼보다 더 중요한 사명이 있습니까? 꼭 전도사나 선교사가 되는 것만이 사명은 아닙니다. 무엇이든 하나님을 위해 일생을 헌신할

무언가가 있는가 하는 것입니다. 캠퍼스 사역일 수도 있고 외국인 노동자 사역일 수도 있습니다.

둘째, 지금뿐 아니라 앞으로도 성적인 욕망을 억제할 수 있습니까? 자신이 성적인 욕망을 억제할 수 있는지 확인해 보세요. 죄책감이 들 만큼 자위행위를 하고 있지는 않은지, 가끔 텔레비전에서 보는 멋진 복근을 가진 남자 배우나 미모의 여자 아이돌 가수를 보면서 욕망이 일어나지는 않는지, 밤에 혼자 있는 것이 외롭고 힘들지는 않는지 점검해 보십시오. 어쩌다 한 번이 아니고 지속적으로 본인도 느낄 정도로 자주 혹은 그 강도가 크다면 지금 단순히 독신 상태일 뿐입니다. 독신의 은사는 아니라고 판단해도 좋습니다.

셋째, 지금 독신으로 사는 것이 충분히 행복합니까? 바쁘게 일할 때뿐 아니라 모든 일을 마치고 혼자 있을 때도 기뻐야 합니다. 사람이 아닌 하나님 때문에 기쁘고 그 받은 사랑으로 인해 행복한 사람이 독신의 은사를 받은 사람입니다. 그런데 여전히 외롭고 마음이 불안하다면 그건 독신의 은사가 아닐 수 있습니다.

지금 독신입니까? 걱정하지 마세요. 지금 나이가 얼마나 됐든지 상관없습니다. 하나님이 예비하신 상대가 있으니 적극적으로 결혼 전선에 뛰어들어 보십시오.

독신으로
지내는 동안에
겪게 되는 어려움

저는 비교적 결혼을 빨리 했는데, 왜냐면 사랑하는 사람과 헤어지는 게 싫었기 때문입니다. 사랑에 빠지면 함께 있는 시간이 왜 그렇게 빨리 가는지 모릅니다. 반대로 헤어져 있는 시간은 왜 그리 더디 가는지요. 상대가 지방 출장이라도 가고 나면 갑자기 온 하늘 아래가 텅 빈 것처럼 느껴지지 않습니까? 저는 그런 이유로 아직 군대도 안 가고, 병원에서 인턴 수련의로 집도 없고 모아 둔 돈도 하나 없는 상태에서 결혼했습니다. 헤어지는 외로움이 싫었기 때문입니다.

나이가 들어서 부부 동반으로 모이는 친구 모임에 혼자 가게 되면 기분이 어떠세요? 마음이 울적하거나 아프지 않나요?

지독한 외로움 때문에 술에 빠져 사는 사람들이 많습니다. 밤만 되면 어디 좋은 술자리 모임이 없나 사방으로 레이더를 펼칩니다. 밤에 잠을 잘 못 잘 정도로 외로움이 고통스럽기 때문입니다. 이성과 조금만 가까워져도 쉽게 넘어가거나 외로움에서 벗어나기 위해 성급하게 결혼을 선택하기도 합니다. 모두 외로움 때문입니다.

그 다음으로 독신 생활하기에 어려운 점은 성적 욕구를 다스리는 일입니다. 독신 생활을 오래 하다 보면 결혼하기 전에 성관계를 할 확률이 높습니다. 주변에 유흥가가 얼마나 많습니까? 크리스천 남자가 성적 유혹을 이기며 살아가기에 참 힘든 세상입니다. 남자들에게는 이 모든 것이 영적 전쟁입니다. 다윗도 넘어졌고 삼손도 넘어지지 않았습니까? 건강한 남성이 독신으로 오래 지내는 것은 정말 순교자 정신이 없으면 힘들다고 생각합니다.

저는 24살에 결혼했습니다. 외로움 때문에 빨리 결혼하기도 했지만 사실 가장 큰 이유는 성적 욕구에 있었습니다. 의과대학 4학년 때 아내를 만나 데이트하고 스킨십을 했는데 유혹을 이기기가 너무 힘들었습니다. 그래서 그 바쁜 인턴 시절에 결혼을 감행한 것입니다.

남자는 여자하고 다릅니다. 남자의 눈에는 스위치가 붙어 있어서 야한 걸 보면 바로 반응이 옵니다. 눈에 불이 들어오면 강력한 성적 에너지가 발산됩니다. 어찌나 강력한지 억제하기가 힘듭니다. 그래서 남자는 아무리 훌륭한 지식인이라도, 수많은 사람을 인도하는 리더라도 여자 문제에 있어서만큼은 자신할 수가 없습니다. 훌륭한 목사님들이 성 문제로 넘어지는 일이 있지요? 단순히 나쁜 사람이어서가 아닙니다. 얼마나 번뇌하고 갈등했겠습니까. 안타깝게도 성 문제에서 자유로운 남자는 없습니다. 오죽하면 창세기 때부터 성매매가 있었다는 기록이 있겠습니까. 여자도 예외는 아닙니다. 성에 눈을 뜨면 남자와 다를 것이 없습니다.

만약 당신이 지금 성 문제로 고민하고 있다면 빨리 결혼하십시오. 봇물이 터지면 막을 수 없듯이 성적인 문제는 잘못 터지면 걷잡을 수

없게 됩니다. 생각의 중심이 성적 욕구에 맞춰져 있다면 서둘러 결혼하는 것이 좋습니다. ·

행복의
이유는
얼마든지 있다

독신 생활에도 어려움이 있고 극복해야 할 문제가 있습니다. 몇몇 문제만 잘 해결하고 다스릴 수 있다면 독신 기간은 정말 기억에 남을 만큼 멋지고 행복한 시간이 될 것입니다. 솔직히 기혼자보다는 얼마나 여유로운 생활을 합니까? 마음껏 하고 싶은 것을 다 하고, 배우고 싶은 것을 다 배우면서 자기 계발에 힘쓸 수 있습니다.

당신이 골드미스, 골드미스터든 아니면 그냥 올드미스, 올드미스터든 상관없습니다. 분명한 것은 독신 기간을 훌륭하게 그리고 행복하게 보낼 수 있다는 것입니다.

직장 생활을 열심히 하든, 하나님의 사역에 헌신을 하든, 지금 당신이 하는 일을 사랑하고 그 안에서 성장하고 성숙해지며 자신을 더욱 아름답게 가꿔 나갈 수 있습니다. 그러다 보면 하나님이 예비해 두신 짝이 나타날 것이고 예쁘게 데이트하다가 결혼하게 될 것입니다.

제가 상담한 한 자매는 37살이었습니다. 성악을 전공하고 교회에서 찬양 사역을 맡고 있었어요. 결혼하기 위해 노력했지만 잘되지 않아서 저와 상담을 하게 되었습니다. 저는 결혼도 중요하고 꼭 하라고 권유하지만, 그렇다고 결혼에 너무 얽매여서 초조해하지는 말라고 조언해 주었습니다. 배우자를 찾는 일을 게을리 하지 않으면서도 그동안 해 보고 싶었던 보람된 일을 찾아서 해 보라고 했습니다. 그랬더니 자매가 음악사를 공부해서 박사 학위를 땄습니다. 공부하는 동안에 좋은 배우자를 만나서 결혼에도 성공했지요.

남자든 여자든 자기 인생의 목표를 이루기 위해 성실하게 나아가는 모습이 얼마나 아름다운지 모릅니다. 여자는 남자가 흘리는 땀방울에 반한다고 하지요. 남자는 일에 집중한 여자의 이마 위로 흘러내린 머리카락에 반합니다. 일하느라 공부하느라 사역하느라 흔해 빠진 노랑 고무줄로 머리를 대충 묶은 여인의 모습이 얼마나 황홀합니까.

많은 형제자매들이 독신 기간을 초조하고 불안해하며 걱정과 열등 감으로 보낸다는 건 안타까운 일입니다. 초혼 연령이 점점 늦어지는 만큼 독신 기간이 길어졌습니다. 이 기간을 어떻게 보내느냐에 따라 같은 시간이라도 행복하게 또는 불행하게 보낼 수 있습니다.

독신 기간은 결혼하지 않았지만 행복하게 살 수 있는 시간을 선물로 주신 것입니다. 당신은 하나님의 계획 안에서 아름답게 지어졌습니다. 하나님의 뜻대로 살아간다면 그게 바로 행복입니다.

어떤 이유에서든 지금 독신이라면 하나님과 깊은 교제를 나누길 바랍니다. 주님을 남편이라고 여기고 늘 동행하며 말씀을 묵상하십시오. 하나님이 당신의 인생을 위해 가지고 계신 계획을 발견하고 하나님의 사랑을 누리며 하나님의 자녀로서 당당하게 독신 기간을 보내세요. 그리고 미래의 남편, 미래의 아내를 위해서, 지금 사귀고 있는 형제, 자매를 위해서 기도로 준비하시기 바랍니다. 그렇게 하면 독신 기간이 외롭거나 치열한 고난의 시간이 아니라 행복한 준비의 시간이 될 것입니다.

직장 생활을 열심히 하든,
하나님의 사역에 헌신을 하든,
지금 당신이 하는 일을 사랑하고
그 안에서 성장하고 성숙해지며
자신을 더욱 아름답게
가꿔 나갈 수 있습니다.

Chapter 6

독신 기간을
가장 매력적인
시간으로 만들라

가장 먼저
하나님을
만나라

결혼 연령이 높아지면서 독신 기간이 더불어 길어지다 보니 이 기간을 어떻게 의미 있게 보낼 것인가에 대한 관심이 큽니다. 어떻게 보내느냐에 따라 젊은 청춘들에게는 영원히 아름다운 추억의 시간이 되기도 하고 혹은 아쉬움만 가득한 시간이 되기도 할 것입니다.

많은 사람들이 독신 기간에 여러 가지 다양한 활동을 합니다. 취업 준비나 학업에 몰두하기도 하고 직장에서 자리 잡고 인정받기 위해 고군분투하기도 합니다. 주경야독의 시간을 보내는 사람도 있고 여행과 동호회 활동을 놓치지 않고 하는 사람도 있습니다.

그러나 무엇보다도 가장 먼저 하나님과 인격적으로 만나야 합니다.

저는 어렸을 때부터 교회 출석은 열심히 했지만 교회에 안 나가면 벌 받을지도 모른다는 율법적인 생각이 지배적이었습니다. 그러다가 대학 2학년 때 CCC(Campus Crusade for Christ: 한국대학생선교회) 부흥회에 참여했다가 하나님을 인격적으로 만났습니다.

인격적으로 만났다는 게 무슨 뜻입니까? 그동안 내가 앉아 있던 왕의 자리를 온전히 예수님께 내어드리는 것을 말합니다. 나는 죽고 내 안에 예수님이 사시는 것을 말합니다. 마지못해 억지로 하던 모든 종교적 행위를 중단하고 온전한 믿음과 참 신앙을 회복하는 것입니다. 예수님을 인격적으로 만난 사람은 자발적 복종과 감사가 넘칩니다. 하나님과의 교제가 그렇게 즐거울 수가 없습니다.

저는 예수님을 만나고 정체성을 확인했고 그로 인해 자존감이 올라갔습니다. 인간관계도 좋아지고 모든 일에 자신감이 생겼습니다. 그동안 품지 못했던 새로운 비전도 생겼습니다.

가장 왕성하고 민감한 청춘의 때에 하나님을 만나십시오. 결혼해서 아이들 키우랴 양가 부모님을 모시랴 바쁘고 정신없어지기 전에 하나님과 독대하는 시간을 가져 보십시오. 자신의 인격을 내려놓고 예수님의 참 인격을 경험하시기 바랍니다. 젊어서 만난 예수님은 바위에 새긴 글자처럼 당신의 골수에 새겨져서 평생토록 예수님을 떠나지 않고 그 말씀을 기억하며 사는 축복의 삶을 살게 될 것입니다.

하나님을 사랑하면
사람도 당신을
사랑한다

인격적으로 하나님을 만나면 삶이 변합니다. 욕심대로 살던 삶이 변해 하나님의 마음에 초점을 맞추게 됩니다. 투정 부리며 교회생활하지 않습니다. 자기부터 챙기던 사람이 하나님을 먼저 챙기고 이웃을 챙기고 그러고 나서야 자기를 챙기게 됩니다. 자기가 가진 모든 것이 실은 자기 것이 하나도 없음을 깨닫게 됩니다. 돈도 시간도, 놓치면 죽을 것 같은 직장이나 학벌마저도, 심지어는 자기 자신조차도 하나님의 것임을 고백하게 될 것입니다. 당신이 가진 모든 것이 이 세상에 사는 동안 하나님으로부터 위임받은 것임을 깨닫게 될 것입니다.

모든 선택의 중심이 하나님 사랑으로 바뀌어야 합니다. 하나님을 사랑하면 다섯 달란트 받은 종처럼 삶이 변하기 시작합니다. 부담감이 소명이라는 말이 있지요. 뭔가 해야 할 것 같은 생각이 들면 미루지 않고 모르는 척 덮어 버리지 않습니다.

하나님께 당신의 삶을 어떻게 드릴 것인가 고민하십시오. 그러면 비전이 자연스럽게 생겨나고 그것을 위해 준비하게 될 것입니다. 그 전의 꿈은 꿈이 아니라 야망이었음을 깨닫게 될 것입니다. 예수님을 만나고 나면 꿈은 비전이 됩니다. 야망은 자기 영광이지만 비전은 하나님의 영광입니다.

저는 하나님의 뜻을 위하여 사는 비전의 사람이 되었습니다. 짧은 시간에 이뤄질 수 있는 비전도 있고 일생 동안 계속해서 준비해야 하는 비전도 있습니다. 저는 젊었을 때 하나님을 사랑하는 일들을 해 보라고 권하고 싶습니다.

매년 여름마다 있는 해외 단기 선교에 지원해 보십시오. 가서 받는 은혜도 있지만 가기 전에 준비하는 모든 과정에서 커다란 변화를 체험하게 될 것입니다. 국내 시골 교회로 가도 좋습니다. 소그룹에서 함께 의논해서 자원봉사할 지역 교회를 찾아서 지원서를 보내면 됩니다. 하나님께서 당신이 드리는 젊음의 시간과 노력을 얼마나 기쁘게 받으시겠습니까?

자신이 속한 교회도 열심히 섬기세요. 각자 은사에 따라 성가대나 주일학교에서 또는 병원선교팀이나 주차팀에서 섬길 수 있습니다. 열심히 섬기는 청년들의 모습이 얼마나 아름답습니까. 어떤 일에 적극적으로 참여하는 것만큼 매력적인 모습이 또 있을까요?

서로의 아름다운 모습에 반한 형제, 자매가 사랑을 발견하고 자연스럽게 프러포즈하게 될 것입니다. 저는 이런 경우를 많이 봤습니다. 하나님의 일을 열심히 하면 하나님께 칭찬받아서 좋고, 또 좋은 배우자를 만나게 돼서 일거양득이 되니 얼마나 좋습니까. 하나님을 인격적으로 만나고 할 수 있는 한 하나님을 사랑하십시오. 하나님을 사랑하고 사랑받는 기쁨을 교제로 이루시기 바랍니다.

독신 기간,
하나님께
집중하라

〈강남 스타일〉이라는 노래로 전 세계에 돌풍을 가져온 가수 '싸이'
는 이미 국내에서는 10여 년 전부터 나름대로 성공적인 가수로 자리매
김하고 있었습니다. 그러나 세계적인 성공은 아무도 예상치 못했던 일
이라 그 놀라움이 훨씬 큽니다.

싸이의 유튜브를 보고 누군가가 이런 댓글을 달았다고 합니다.

"노력이 기회를 만나면 그걸 운이라고 부른다."

이것을 읽은 싸이가 큰 위로를 받았다고 합니다. 놀라운 성공에도
교만하지 않고 겸손해 하면서도 재치가 넘치는 모습을 보니 참 많은
것을 생각하게 되더군요.

하나님을 사랑하고 하나님의 사람으로 쓰임받으려면 어떤 모습이어
야 하는지를 깨닫게 되었습니다. 하나님의 사람으로 쓰임받으려면 우
선 노력하는 사람이 되어야 합니다. 할 수만 있다면 최선의 노력을 다
하세요. 독신 기간에 최대한 노력하고 훈련받으십시오. 그러기 위해
독신의 시간이 주어졌을 수도 있습니다. 훈련받으면 하나님께서 사용
하실 겁니다.

저의 비전은 평생토록 젊은이들에게 복음을 전하는 것입니다. 오래
전부터 이 비전에 인생을 투자하기로 결단했습니다. 그러기 위해서 영

향력 있는 사람이 되기로 마음먹었고 1973년도에 미국으로 건너갔습니다. 저는 그냥 시시한 의사가 되고 싶지 않았습니다.

"세계에서 가장 큰 나라, 의학이 가장 발전된 나라에 가서 전문의가 되자. 그리고 전 세계 사람들에게 복음을 전하자."

의사는 그저 좋은 도구에 불과했습니다. 수단일 뿐 목적은 복음에 있었습니다. 그러니까 하나님께서 모든 것을 준비해 주셨습니다. 이민 비자도 쉽게 받았고 미국 병원에서 생활비와 살림살이를 넉넉하게 주셨습니다. 하나님께 충성하면 나머지는 하나님이 다 하신다는 것을 체험했습니다.

"나는 왜 공부하는가?"

"나는 왜 의사가 되려고 하는가?"

"나는 왜 그 직장에 다녀야 하는가?"

모든 일에 목적이 분명해야 합니다. 목적이 분명하면 다른 것들은 쉽게 내려놓을 수 있습니다.

저는 비전을 이루기 위해 마취과를 선택했는데 1970년대 당시에는 마취과가 인기도 없을 뿐만 아니라 수입도 비교적 적은 과목이었습니다. 저의 비전은 슈바이처처럼 의사로서 평생을 헌신하기보다는 의사라는 직업을 통해 하나님의 일을 좀더 효과적으로 하는 데 있었습니다. 그래서 비교적 덜 바쁘고 시간 활용이 가능한 마취과를 택한 것입니다. 그렇다고 제가 의사 일을 소홀히 한 것은 절대 아닙니다. 저는 꽤 실력 있는 의사였습니다. 은퇴한 지 오래되었는데도 지금도 청빙하는 병원이 있을 정도입니다.

저는 제 꿈이나 돈이 아니라 하나님의 비전과 그 의를 먼저 구했습니다. 그랬더니 하나님께서 나머지는 다 채워주셨습니다. 당시에는 마취과가 인기 없었지만 지금은 최고의 인기 과목이 되었습니다. 또한 제가 아이들 교육비가 가장 많이 필요한 시점까지 경제적으로 부족하지 않게 돌봐 주셨습니다. 그리고 때가 이르자 말씀 사역에 더욱 헌신하도록 이끌어 주셨습니다.

"그런즉 너희는 먼저 그의 나라와 그의 의를 구하라 그리하면 이 모든 것을 너희에게 더하시리라"(마태복음 6:33).

예수님이 주신 약속처럼 하나님이 주신 비전으로 목표를 분명히 세우면 어떻게 해야 하는지 알 수 있습니다. 그러니 하나님의 인도를 믿으시기 바랍니다.

그냥
보내지 말고
훈련하라

제 인생을 시기별로 정리하자면, 태어날 때부터 20세까지는 기초 기간이었습니다. 그때 주님을 인격적으로 만나고 헌신하기 시작했습니다. 20~40세까지는 청년기로 의사로서 미국에 와서 전문의로 활동한 기간입니다. 그리고 40세 이후부터는 후반전입니다.

40세까지는 의사로서 훈련을 받았고 40세 이후부터는 사역자로서 훈련받으며 쓰임을 받았습니다. 40세부터 60세까지는 인생의 중년기로서 사역 훈련을 받으면서 사회생활을 겸했습니다. 복음을 전하고 선교를 나가고 청년들을 키우고 자마(JAMA, Jesus Awakening Movement for America/All nations)와 코스타에서 강연하는 일을 시작했어요. 그리고 60세가 되기 직전에 인생의 장년기를 시작하면서 병원을 위탁하고 의사 생활을 그만뒀습니다. 그때부터 지금까지 하나님께서 주신 비전을 따라서 오대양 육대주 온 열방 지구촌을 다니면서 복음을 전하고 있습니다. 저는 이 시기가 인생의 클라이맥스라고 생각합니다. 매 시기마다 삶의 단계가 업그레이드 된 것이지요.

저는 결혼을 일찍 하는 바람에 훈련을 꽤 늦게 시작하게 되었습니다. 그러니 지금 독신이라면 이 기간을 최대한 활용하시기 바랍니다. 훈련을 많이 받으십시오. DTS(Discipleship Training School: 예수제자훈련학교)나 선교사 훈련 과정, 단기 성경 연구 과정 같은 것만이 훈련은 아닙니다. 물론 이런 훈련도 받으면 좋습니다만 요즘은 찾아보면 다양한 프로그램이 얼마든지 있습니다. 당신에게 맞는 것을 찾아서 훈련받으십시오.

그리고 기독교 기본 진리에 해당하는 책을 모두 찾아서 읽어 보십시오. 다양한 인문서, 역사서, 철학서들을 읽으세요. 책을 통해 세상 이치를 깨닫게 될 것입니다. 세상 이치를 알면 사람을 이해할 수 있습니다. 복음을 알고 사람을 이해하면 마음에 긍휼이 생기고 하나님의 마음을 헤아릴 수 있게 됩니다. 무엇보다도 그릇이 큰 사람이 될 것입니다. 이런 삶이 멋지지 않습니까?

그리고 다양한 취미를 가져 보세요. 더 나아가 취미에서 특기로 발전시켜 보십시오. 제가 아는 사람은 취미로 탁구를 치다가 지금은 탁구 코치 자격증까지 따서 고수가 되었습니다. 그는 교회에서 아이들에게 탁구를 가르치며 봉사하고 있습니다. 수영이나 바둑을 배워도 좋습니다. 태권도로 선교하는 사람이 얼마나 많습니까? 뭐든 열심히 배우세요. 좋아하는 취미 생활도 하고 건강해지고 선교도 할 수 있으니 얼마나 좋은 일인가요.

자신의 전공을 더욱 발전시켜도 좋습니다. 디자인 전공자는 자비량으로 전도지를 만들거나 대형 집회에서 필요한 홍보물들을 만드는 일에 자원봉사로 참여할 수 있습니다. 의사라면 의료 선교사로 나갈 수 있고, 컴퓨터 프로그래머라면 저개발국에 가서 컴퓨터 강사로 선교 활동을 할 수 있고, 농부라면 옥수수나 감자를 키우는 법을 전수할 수 있습니다.

이 모든 것이 훈련입니다. 젊음을 어영부영 소비하지 마세요. 배우자를 찾는 데만 집중하지 말고 독신 기간을 자기 계발의 시간으로 여기고 허송세월하지 마십시오.

자기 자신을
위해
봉사하라

요즘 청년들은 너무나 바쁩니다. 평일에는 직장 생활하랴 자기 계발
하랴 바쁘고, 주일에는 교회에서 봉사 활동하느라 하루도 쉴 날이 없
습니다. 그러다가 탈진해서 모든 것을 내려놓고 어디론가 잠적하기도
합니다. 이런 청년들에게 사회를 위해 자원봉사 하라고 하면 지레 질
려할지도 모르겠습니다.

하지만 크리스천이 모두 교회에서만 봉사하고 섬긴다면 세상은 누
가 섬기나요? 세상 사람이 교회를 보고 '그들만의 친목회'라고 부르는
것을 흘려들으면 안 됩니다.

물론 교회 차원에서 지역사회를 섬기며 많은 활동을 하고 있습니다.
그러나 독신 기간 동안에 청년 스스로 자기가 살고 있는 지역과 사회,
세계를 위하여 자원봉사 하라고 권하고 싶습니다. 지금이 절호의 기회
입니다. 결혼하고 나면 하고 싶어도 할 기회가 없을 것입니다. 아마 훨
씬 더 어려운 일이 될 거예요. 그러니 독신 기간에 할 수 있는 한 봉사
를 많이 하시기 바랍니다.

남을 위해 봉사한다고 하지만 사실은 자기 자신을 위한 일입니다.

런던 올림픽 때 한 광고 카피가 제 마음을 울렸습니다.

"우리가 그들을 응원했다고 생각하겠지만 사실, 그들이 우리를 응원했습니다."

나라를 위해 최선을 다해서 메달을 따라고 우리가 응원하는 줄 알았는데 오히려 선수들이 고난을 이기고 목표를 향해 땀 흘리는 모습이 우리에게 큰 감동과 용기를 주는 것이었습니다. 결국 메달을 목에 걸고 웃음 짓거나 메달 획득에 실패하고 눈물짓더라도 최선을 다하는 모습이 얼마나 아름다운지 깨닫게 해 주었습니다.

봉사란 그런 것입니다. 남을 위한 것 같지만 실은 자기 자신을 위한 것임을 당신도 깨달을 수 있었으면 좋겠습니다.

공부나 회사일 때문에 바쁘다고만 하지 말고 의지적으로 시작해 보세요. '해비타트(Habitat: 무주택 서민의 주거 문제 해결을 목적으로 1976년 미국에서 창설된 국제적인 민간 기독교 운동단체)', '기아대책기구', '컴패션', '유니세프', '샘복지재단' 같은 단체에 가입해서 활동하는 것도 좋은 방법입니다. 단체에서 활동하면 많은 것을 보고 배우게 됩니다. 덤으로 좋은 형제, 자매를 만나기도 하니 얼마나 좋습니까? 자원봉사자로 섬길 정도면 어느 정도 검증된 사람이잖아요.

어느 정도 자원봉사에 자신이 붙으면 자신이 살고 있는 지역 구청에 찾아가 보십시오. 독거노인 보살피기, 소년소녀 가장 돕기, 맞벌이 부부나 홀부모 자녀 공부방 봉사, 생활보호대상자 자녀 공부 도우미,

다문화 가족을 위한 한국어 강의, 도배, 청소 등 할 일이 너무나 많습니다. 과외로 학비나 용돈을 벌기도 하지만 형편이 어려운 어린이들을 무료로 가르쳐 주면 돈으로 살 수 없는 기쁨과 보람을 얻게 될 것입니다.

게다가 하나님이 얼마나 기뻐하시겠습니까? 이 땅에서 천국을 경험하며 서로 돕는 일을 한다면 그만큼 하나님 나라가 더 빨리 오지 않을까요? 독신 기간에 의미 있는 자원봉사를 통해 하나님이 기뻐하시는 인생이 되어 보십시오. 예수님의 삶을 닮는 길이기도 합니다. 땅에서 무엇이든지 매면 하늘에서도 매이고, 이 땅에서 무엇이든지 풀면 하늘에서도 풀린다고 했습니다. 당신이 이 땅에서 이웃을 위해 베푸는 봉사 활동이 하나님 나라를 더욱 빛나게 할 것입니다.

예쁨이
몸에 밸 때까지
투자하라

마음이 예쁘면 얼굴과 행동에도 드러나게 마련이라 사람들이 금방 아름다움을 알아봅니다. 그래서 진정한 아름다움은 외모가 아니라 내면에 있다고들 하는데 저는 외모도 예쁘게 가꿔야 한다고 생각합니다. 성형수술을 해서 예뻐지라는 게 아닙니다. 무조건 성형을 반대하는 것은 아닙니다만 굳이 수술하지 않아도 예뻐지는 방법을 알기 때문입니다.

먼저 예뻐지겠다고 결심하세요. 작심삼일에 그치더라도 결심하지 않고 어떤 일이 되는 것을 본 적이 없습니다. 그러니 예뻐지겠다고 결심부터 하세요. 그렇게 결심하고 시작해서 예뻐진 사람을 여럿 봤습니다. 다이어트하는 데에도 엄청난 결심이 필요하잖아요. 그러니 예뻐지는 데에도 단단한 결심이 필요합니다.

예뻐질 결심을 했다면, 항상 옷을 깨끗하고 깔끔하게 입겠다고 결심하세요. 적어도 흐트러진 머리로 교회에 가지는 않겠다고 다짐해 보세요. 외출하기 전에는 꼭 반드시 거울을 보고 나가세요. 적어도 하루에 한 번은 큰 소리로 웃어 보세요. 하루에 한 번 하늘을 쳐다 보고, 한 사람을 안아 주고, 한 사람이라도 위로해 주고, 책을 몇 장이라도 읽겠다고 결심하세요. '1만 시간의 법칙'처럼 당신이 예뻐지는 데에 시간을 투자하겠다고 마음먹었다면 이미 그 분야의 전문가가 된 것이나 다름없습니다. 분명히 1만 시간이 되기도 전에 예뻐져 있을 것입니다.

결심에는 투자가 필요합니다. 물질만 투자하는 것이 아니라 시간과 노력을 들이는 것입니다. 옛말에 "구슬이 서 말이라도 꿰어야 보배"라는 말이 있잖아요. 실천하라는 뜻입니다. 물질이 좀 들더라도 실행하라는 것입니다.

그래서 이것은 독신 기간에 꼭 해야 할 일입니다. 결혼하고 나면 하고 싶어도 투자할 여유가 없을 테니까요.

우선 운동에 투자하십시오. 어떤 형제가 수영을 배우기 시작했답니다. 수영장에 가면 항상 옆 레인에서 수영하는 여자를 마주치는데 마치 인어를 보는 것처럼 너무나 아름다워 보인다고 합니다. 그런데 한 달에 한 번 있는 바깥 모임에서 만나고 보니 전혀 미인이 아니었답니다. 하지만 수영하는 모습에 반하고 난 뒤라 나중에는 언제 봐도 예뻐 보이더랍니다. 그 자매가 얼마나 시간을 투자해서 수영을 배우고 연습했겠습니까. 자전거를 타거나 러닝머신 위에서 뛰거나 도복을 입고 메치거나 배꼽을 내놓고 발리 댄스를 추거나 모두 멋있어 보이지 않습니까? 운동에 열중하는 모습도 매력적이지만 뭐니 뭐니 해도 몸매를 관리하는 일이니 투자할 가치가 있습니다. 몸매 관리에 신경 쓰세요. 자신의 키에 맞는 적당한 몸매를 유지하는 것이 보기 좋습니다. 몸매 만들기에 시간과 물질 그리고 노력을 투자해 보십시오.

패션이나 화장 또는 머리 스타일에도 투자하십시오. 하나에 수백만 원씩 하는 명품 백에 열광한다고 하는데 그건 투자가 아니라 과소비입니다. 오히려 부족한 자신감을 명품으로 가리려고 하는 것 같다는 생각이 듭니다. 자신에게 맞는 스타일을 찾는 것이 중요합니다. 자신에게 맞는 미용실에 단골로 다니면서 이런 저런 다양한 스타일을 시도해 보세요. 그리고 자신에게 어울리는 패션 스타일을 찾고 자기에게 맞는 화장법도 개발해 보세요. 모두가 노력과 투자가 필요한 일입니다. 아까워하지 말고 꼭 실천해 보길 바랍니다. 예쁨이 몸에 밸 때까지 투자하면 됩니다. 분명히 말하지만 반드시 예뻐질 것입니다.

전 세계를 다니면서 다양한 인종의 사람들을 만나 보니까 왜 사람이 하나님의 걸작품인 줄 알겠습니다. 바비 인형같이 예쁘다는 말이 아닙니다. 하나님의 자녀라는 자존감이 아름다움을 드러내더라는 것입니다. 하나님의 아들, 딸이라는 신분이 사람을 아름답게 한다는 뜻입니다. 하나님이 어떤 분이십니까? 온 우주 만물을 창조하신 왕의 왕, 주의 주 아니십니까. 있는 그대로의 모습으로도 충분히 아름답습니다. 하나님의 자녀로서의 자존감만 잃지 않는다면 충분히 아름다울 수 있습니다.

그러나 "하나님은 외모는 보지 않으시고 중심을 보신다"는 말씀을 핑계로 흐트러진 머리에 입던 옷 대충 입고 체취를 풀풀 풍기면서 다니면 되겠습니까? 자존감을 해치는 범죄행위입니다. 내면이 진정 아름다운 사람은 겉도 가꾼다는 것을 기억하시기 바랍니다.

성형수술하지 않아도 예뻐지는 방법은 위에서 다 말했습니다. 그러나 외모를 가꾼다고 해서 돈으로 몸을 단장한들 예뻐지겠습니까? 그럼 부자들은 하루아침에 다 예뻐지게요? 이제부터 아주 중요한 이야기를 하려고 합니다.

세상에 김태희 같은 미인은 얼마 없습니다. 아무리 좋은 옷을 입고 좋은 화장품을 발라도 개그우먼 이성미가 김태희가 되지는 않습니다. 중요한 건 조그맣고 마른 이성미 안에 들어 있는 성숙한 신앙과 지성미, 남을 향한 사랑이 그녀를 아름답게 만드는 것입니다. 여기에 핵심이 있습니다. 아름다워지는 데에는 시간이 필요합니다. 결심하고 시간을 들이고 노력해서 얻은 아름다움은 돈으로 산 것과는 차원이 다릅니다. 외적인 아름다움보다 내면의 아름다움이 더 귀합니다. 하지만 외적인 아름다움도 간과해서는 안 됩니다. 진정한 아름다움은 외적인 아름다움(outer beauty)과 내적인 아름다움(inner beauty)을 두루 갖춘 전인적인 아름다움(total beauty)입니다.

앞서 인어처럼 수영을 잘하던 자매 이야기를 했었죠? 이게 바로 핵심입니다. 오래 투자하고 얻은 것에는 자신감이 묻어나기 마련입니다. 진중함이 몸에 뱁니다. 어떤 일을 끝까지 이룬 자신감과 집중하는 모습이 세상 어떤 향수보다도 더 진한 매력을 발산시킵니다. 아무리 숨기려고 해도 숨길 수가 없습니다. 그것은 자신의 인생을 사랑하고 아끼고 가꾼 사람에게서만이 우러나오는 아름다움입니다. 내면에서 나오는 아름다움이란 이런 것을 두고 하는 말입니다.

하나님 앞에서 진실하게 기도하고 뜨겁게 찬양하고 매일 아침마다 큐티하고 책을 읽고 이웃을 위해 봉사하고 교회를 섬기면 그 모습이 얼마나 아름답겠습니까? 독신 기간을 아름답게 보내는 사람은 어느덧 세상에서 가장 아름다운 사람이 되어 있을 것입니다. 그런 사람은 세상이 숨기지 못합니다. 당신은 세상에서 가장 아름다운 사람이 될 것입니다.

후회하고
아쉬워만 하지 말고
지금 하라

"친구보다는 가족에게 더 잘할걸. 연애를 많이 해 볼걸. 강남 노른 자 땅 좀 사둘걸. 땅 사서 오른 돈으로 세계 여행과 승마를 배워 볼걸. 미용 기술을 익혀서 독거노인들에게 봉사할걸. 성경 공부를 열심히 할 걸, 신앙생활을 좀더 뜨겁게 할걸. 무리해서라도 그림 공부를 계속할 걸. 카메라를 배워 전쟁터에서 사진을 찍어 볼걸, 그리하여 삶이 숭고 하다는 걸 알아차릴걸. 사하라 사막에서 밤을 새워 볼걸. 로맨스 소설 뿐 아니라 양서나 성경책을 많이 읽을걸. 만약에 내가 지금 젊고 독신 이라면 마치 내일이 없는 것처럼 후회 없이 시간을 불태워 볼 텐데…"

이것은 〈독신 기간에 꼭 해 보고 싶은 것이 무엇인가〉라는 설문 조 사에서 나온 답변 중의 하나인데 내용이 무척 공감됩니다.

독신 기간에 해 보고 싶은 것들 중에서 답변이 많이 나왔던 것은 세 계 여행과 하고 싶었던 공부 하기, 이웃에 대한 봉사, 성경 공부 등이 었습니다. 무엇인가 아쉬워하고 후회한다는 것은 앞으로 더 집중할 수 있는 동기를 만들어 줍니다. 지금도 늦지 않았습니다. 자기만의 목록 을 만들어서 하나씩 준비하고 실천해 보십시오. 독신 기간에만 할 수 있는 일입니다. 그러니 포기하지 마세요.

인생,
보따리를 싸서
떠나도 괜찮다

아쉬움과 미련은 왜 남을까요? 보따리를 싸지 못해서 그런 것이 아닌가 하는 생각을 합니다. 하고 싶은 일이 있지만 이것저것 재느라 실천하지 못해서 그런 게 아닌가 싶습니다.

젊은 시절에 보따리를 싸서 사하라 사막으로 갔다고 해서 지금 그 사람의 인생이 크게 비참해져 있을까요? 대학 시절에 미용 도구 보따리를 싸서 독거노인의 집으로 달려갔다고 해서 제출해야 할 리포트를 못 내는 사태가 벌어졌을까요? 젊을 때 몇 년간 선교사로 헌신한다고 해서 남은 인생을 실업자로 살게 될까요? 잘못 살아온 인생의 방향을 정리하기 위해 보따리를 싼다고 앞으로 엉뚱한 삶을 살게 될까요?

그렇지 않습니다. 지금 당장 보따리를 싸십시오. 마음속에 품고만 있던 일을 시작하세요. 발목을 잡을 딸린 식구들이 있는 것도 아니니 지금 시작해도 전혀 늦지 않습니다. 지금 보따리를 싼다고 해서 누구도 당신을 나무랄 수 없습니다. 오히려 몇 년 후에는 지금보다 훨씬 멋있는 당신이 되어 있을 테니까요.

독신 기간에 보따리를 싸지 않으면 할머니, 할아버지가 되어서 쌀 수도 있습니다. 아니, 아예 싸지 못할지도 모릅니다. 어차피 늦게라도 쌀 보따리라면 지금 바로 싸는 게 낫지 않겠습니까?

삶의 숭고함을 배우러 떠나십시오. 사막 하늘의 별을 보든 히말라야의 달을 보든 떠나세요. 가난한 이웃집 아이들을 위해 공부 가방을 싸십시오. 운동화를 신고 운동복을 입고 동네 공원으로 나가서 건강한 몸을 지키고 유지하세요.

독신 기간을 멋지게 보내시기 바랍니다. 어쩌면 인생에서 가장 매력적인 시간을 살 수도 있습니다. 예수님을 믿지 않는 세상 사람들도 즐거운 독신을 보내려면 7가지가 있어야 한다고 말합니다. 건강, 좋은 친구, 열정을 바칠 자기 일, 즐길 취미거리, 의미 있는 봉사, 자연을 즐길줄 아는 여유 그리고 신앙이 있어야 한다고 합니다.

지금부터 결심하세요. 무엇보다도 가장 먼저 하나님을 사랑하고, 원 없이 훈련받고, 봉사하고, 아름다워지겠노라고 결심하십시오. 그리고 지금 결심의 보따리를 싸들고 떠나세요. 여태까지 망설이기만 했던 첫발을 떼십시오. 매력이 넘치는 인생의 황금기를 경험하게 될 것입니다.

PART 3

나의 배우자,
구하고, 찾고,
두드리라

Chapter 7

기다리지 말고
찾으라

하나님은 예비하시고
우리는
선택한다

독신에서 벗어나 결혼을 하려면 가장 먼저 무엇을 해야 합니까? 배우자를 찾아야 합니다. 문제는 하나님이 예비해 주신 좋은 배우자를 어떻게 고르는가입니다. 이것만 잘하면 당신이 이 글을 읽는 지금부터 1년 내에 결혼할 수 있습니다. 다니엘처럼 뜻을 정하시기 바랍니다(단 1:8). 당신에게도 공격적인 전략이 필요합니다.

저는 대학 1학년 때부터 결혼에 대한 마음이 열려 있었습니다. 저희 부모님은 젊은 시절에 부부싸움을 많이 하셨습니다. 저는 최소한 부모님보다는 행복하게 잘 살 수 있을 거라고 자신했습니다. 18세 때부터 결혼 준비 기도를 시작했고 결혼에 아주 적극적이었습니다.

하나님께서 창세 때 모든 만물을 지으시고 흡족히 여기셨는데 딱 한 가지 마음에 안 들어 하신 게 있습니다. 바로 아담이 혼자 거처하는 것이었어요. 그래서 돕는 배필인 여자를 만들어 주셨죠. 그러고 나서 그냥 좋은 게 아니라 '심히' 좋았다고 하셨습니다. 만약 세상에 여자가 없다면 아마 지옥이 따로 없을 것입니다.

하나님이 아담에게 하와를, 하와에게 아담을 지어 주신 이유는 서로 돕고 사랑하면서 즐거운 인생을 살라는 뜻입니다. 하나님은 당신의 배필을 이미 예비해 두셨습니다. 당신은 모르지만 하나님은 알고 계십니다. 하나님은 예비하셨고 선택은 당신의 몫입니다. 하나님이 배우자를 예비해 두셨다면 노력하지 않아도 만나서 결혼할 수 있을 거라는 생각이 들지요? 아닙니다. 하나님은 당신의 형상대로 우리를 지으셨다고 했습니다. 형상이란 인격을 말합니다. 하나님께서 예비해 놓으셨어도 사람이 '예' 혹은 '아니오'로 답할 수 있습니다.

하나님은 당신을 인격적으로 대하십니다. 이것은 하나님께서 당신을 위해 맛있는 음식을 준비하셨어도 당신이 나중에 먹겠다고 한다면 억지로 입속에 넣어 먹게 하지는 않으신다는 뜻입니다. 당신의 의견과 생각을 존중해 주십니다. 당신은 하나님께서 예비해 두신 배우자를 찾아야 합니다. 성경대로만 하면 어렵지 않습니다.

저는 28세 때 영어도 잘 못하면서 빈손으로 미국에 갔습니다. 인턴을 시작한 지 3개월 만에 알버트 아인슈타인 메디컬 스쿨에 레지던트로 지원했습니다. 뉴욕에 있는 병원 중에서 마취과가 최고로 좋은 곳이었습니다. 지원은 했지만 아무리 기다려도 소식이 없었습니다. 마냥 기다리고만 있는 제게 한 선배가 충고해 주었습니다.

"미국에서는 기다리면 아무것도 안 돼. 적극적으로 움직여야 해."

제가 원래 적극적인 성격이기 때문에 바로 전화했습니다. 그랬더니 12명을 뽑는데 전 세계에서 4백여 명이 지원해서 그중 몇 명만 추려서 인터뷰 중이라고 했습니다. 보통 그렇게 말하면 '아, 그럼 나는 떨어졌구나' 하며 조용히 전화를 끊을 텐데, 저는 그렇게 하지 않았습니다.

"저도 아주 특별한 사람인데요. 제게도 기회를 주시죠."

(I am special too. Would you please give me a chance?)

되레 적극적으로 말했더니 인터뷰 날짜를 잡아 주었습니다. 마냥 기다리기만 했거나 지레 겁먹어서 전화를 끊어 버렸다면 기회는 영영 오지 않았을 것입니다.

1970년대 초였는데도 워낙 큰 병원이다 보니 외과 레지던트 1년차만 60명을 뽑았습니다. 인터뷰 시간은 다 돼 가는데 차를 몰고 캠퍼스

안을 아무리 돌아다녀도 주차할 곳을 찾지 못했습니다. 그러다가 마침 본관에 자리가 나서 겨우 차를 대고 나오는데 경비원이 오더니 학과장이나 원장 전용 주차 공간이라고 차를 빼 달라고 하는 것입니다. 하지만 저도 물러서지 않았습니다.

"저는 여기서 일할 사람인데 지금 인터뷰 시간이 다 되었어요. 잠시만 주차할 수 있도록 허락해 주세요."

다행히 주차 허락을 받을 수 있었습니다. 적극적으로 어필했기 때문에 가능했던 일입니다. 예수님을 인격적으로 영접하고 나서 스스로 예수님의 제자이자 하나님의 아들이라는 정체성을 갖고 나니 자아상이 밝아지고 자존감도 높아져서 어디서도 기죽지 않는 성격이 된 것입니다. '미국은 하나님의 땅이고 나는 하나님의 아들이니 이 땅도 내 땅이다'라고 생각했습니다.

인터뷰를 시작하자마자 백인 노의사가 주차가 힘들지 않았느냐고 물었습니다. 전혀 힘들지 않았다고 대답했습니다. 어디에 주차했느냐고 물어서 본관 앞에 주차했다고 했더니 경비원이 막지 않더냐고 물었습니다. 그래서 있었던 일을 들려주었습니다. 그랬더니 한 면접관이 자기는 한 번도 그 자리에 주차해 본 적이 없다고 놀라면서 제 적극적인 성격에 감동받았다고 했습니다. 그가 바로 마취과 부과장이었습니다. 덕분에 저보다 뛰어난 인재들은 다 떨어지고 제가 합격했습니다.

제가 합격할 수 있었던 비결은 크리스천으로서 분명한 자아상과 자기정체성을 가졌다는 것이었습니다. 그래서 조금도 굴함이 없이 당당할 수 있었습니다. 비록 영어를 잘하지 못했지만 당신들도 한국어를 못하는 건 마찬가지 아니냐며 기죽지 않았습니다.

당신도 자신에 대해 기뻐하십시오. 당당하세요. 교만하게 굴라는 얘기가 아닙니다. 교만과 자존감은 전혀 다릅니다. 사람은 외모도 중요하지만 내면이 건강한 속사람도 매우 중요합니다. 자아가 건강하면 누구 앞에서도 당당하게 적극적으로 행동할 수 있습니다.

고신대 부총장을 역임한 바 있는 안민 장로님은 어려서 가난한 시골에서 자랐는데 고학으로 서울대 성악과에 입학하자마자 같은 동기 여학생에게 반해서 무려 6년을 쫓아다닌 끝에 결혼에 성공했다고 합니다. 보통 사람 같았으면 진즉에 포기했을 텐데 안민 장로님은 속사람이 건강하고 자존감이 높아서 거절당해도 상처받지 않았습니다. 덕분에 여학생의 마음은 얻었지만 이번에는 여학생의 집에서 결혼을 반대했습니다. 하지만 두 분은 반대를 무릅쓰고 당당하게 결혼 승낙을 얻어냈습니다. 그리고 500만 원을 빚내서 결혼하여 힘든 결혼생활을 시작했지만, 어려운 시절이든 풍족한 시절이든 지금까지 부부가 불평 한마디 없이 행복하게 잘 살고 있습니다. 지금도 안민 장로님은 집으로 가는 길이 가장 즐겁다고 이야기합니다.

내면이 건강한 사람은 언제 어디서든 당당합니다. 하나님의 자녀는 쫄지 않습니다. 형제나 자매에게서 하나님의 자녀로서의 당당한 아름다움을 발견하면 눈부시지 않습니까? 당당해지십시오. 당신은 하나님의 자녀입니다.

전략적으로
끌어당기는
매력을 발산하라

적극적으로 행동하는 것과 들이대는 것은 엄연히 다릅니다. 무작정 달려들거나 들이대면 금방 질립니다. 거절당하기 십상이죠. 어떻게 하면 좋을까요? 전략을 세워야 합니다.

자매라고 해서 수동적일 필요는 없습니다. 적극적으로 행동해야 합니다. 그러나 남자와는 다른 방식으로 적극적이어야 합니다. 남자는 눈에 드러나도록 적극적이어야 하지만 여자는 상대가 눈치 채지 못할 정도로 은근한 적극성을 발휘해야 합니다. 남자가 단번에 청혼을 하면 용감하다는 소리를 듣지만 여자가 그렇게 하면 "많이 굶주렸냐"고 오해 받을 수 있습니다.

여자는 애달프게 하는 매력으로 남자를 끌어당겨야 합니다. 남자가 적극적(active)이고 공격적(aggressive)이어야 한다면 여자는 수동적(passive)이면서도 공격적(aggressive)이어야 합니다. 예를 들어, 보디발의 아내처럼 '나랑 관계하자'며 들이대다가는 큰일 납니다. 마음에 드는 이성 앞에서 매력적인 모습을 자주 보여 주는 편이 훨씬 공격적입니다. 이성이 <u>스스로</u> 좋아하게끔 만드는 기술이 필요합니다. 즉 도전할 만한 가치가 있는 사람이라는 생각이 들도록 만들어야 합니다.

어떤 사람이 도전할 만한 가치가 있는 여성일까요? 인생의 목표가 있고, 하나님과 깊은 교제를 나누는 모습을 보여 주면 됩니다. 그리고 상대를 위해 기도하는 아름다운 모습을 보여 주십시오.

> "그런즉 너희는 먼저 그의 나라와 그의 의를 구하라 그리하면 이 모
> 든 것을 너희에게 더하시리라"(마태복음 6:33).

> "여호와께서 사람의 걸음을 정하시고 그의 길을 기뻐하시나니 그는
> 넘어지나 아주 엎드러지지 아니함은 여호와께서 그의 손으로 붙드
> 심이로다"(시편 37:23-24).

위의 말씀을 붙들고 말씀대로 사십시오. 그러면 하나님께서 당신의 길을 정하시고 기뻐하며 인도하실 것입니다. 당신은 하나님의 품에 있는 축복받은 자녀입니다. 자녀의 필요를 이미 아시는 하나님께서는 당연히 당신의 배우자도 예비해 두셨습니다. 적극적으로 전략을 잘 세워서 찾고 붙잡으시길 바랍니다.

Chapter 8

내 짝을
만나기 위한
네 가지 기도

자, 그럼 배우자는 어떻게 찾습니까? 말씀대로 하면 됩니다.

"구하라 그리하면 너희에게 주실 것이요 찾으라 그리하면 찾아낼

것이요 문을 두드리라 그리하면 너희에게 열릴 것이니"(마태복음 7:7).

여기서 '구한다'는 건 하나님께 기도드리는 것을 말합니다. 하나님
께서 당신의 기도 제목을 아실까요, 모르실까요? 물론 다 아십니다. 새
벽 기도 가서 부르짖었더니 하나님께서 "시끄러워" 하시던가요? 아닙

니다. 하나님은 "너는 내게 부르짖으라 내가 네게 응답하겠고 네가 알지 못하는 크고 은밀한 일을 네게 보이리라"(렘 33:3)고 말씀하셨습니다. 당신의 기도 제목을 이미 아시는 하나님이 왜 부르짖으라고 하셨을까요? 대화하기를 원하시기 때문입니다. 대화는 기도입니다. 그러므로 당신은 배우자를 위해서 기도해야 합니다.

제가 아는 어느 자매는 오래 사귀던 형제와 헤어지고 힘든 시간을 보냈습니다. 그런데 1년이 지나지 않아 결혼을 한다며 인사를 하러 왔습니다. 저는 뜻밖이기도 하고 한편으론 반가워서 어떻게 해서 배우자를 만나게 되었는지 물었습니다. 자매는 웃으면서 이렇게 말했습니다.

"사귀던 형제와 헤어지고 정말 힘들었어요. 서른도 훌쩍 넘었는데, 어떻게 형제를 만나 결혼하나 막막하기만 했지요. 소개팅을 하거나 교회에서 형제를 만날 때면 '넌 이래서 안돼' 하고 판단하며 한 명씩 지워나갔답니다. 그러다 보니 제가 어떤 사람을 좋아하는지도 모르겠더라구요. 그렇게 혼란의 시간을 보내고 나니 절박한 마음이 들었어요. 그래서 열심히 기도했어요. 그런데 기도할수록 점점 저 자신을 보게 되더라구요. '나는 어떤 사람을 만나고 싶지?', '나에게 맞는 사람은 누구지?' 하며 제가 원하는 게 뭔지 알게 되면서 결혼관이 자리잡게 되었어요.

처음엔 안정된 직장, 괜찮은 학벌, 기왕이면 훈훈한 외모를 가진 배우자를 구했어요. 그런데 그게 중요하지 않다는 마음이 자꾸 들었어요. 또 하나님께서 나에게 잘 맞는 한 조각의 퍼즐을 준비하셨으리라는 기대가 들더라고요. 저는 신앙이 좋으며 말이 통하는 사람, 몸과 마음이 건강한 사람, 함께 성장할 수 있는 사람, 이 세 가지를 놓고 기도했고, 남편을 소개받았을 때 '아, 이 사람이구나' 하는 느낌을 받았습니다."

"많은 형제자매들이 완벽한 배우자를 구하는데, 그런 사람과 결혼하면 너무 완벽해서 질식할 거예요. 하나님께서 자매의 기도를 조율해 주셔서 좋은 배우자를 만나게 하셨네요."

"사귀던 형제와 헤어지고 힘든 시간을 보냈는데, 그 고독의 시간 동안 하나님께서 저를 만지고 훈련시키셨습니다. 예전에는 제 노력과 의지로 배우자를 찾으려고 노력했어요. 그런데 기도하는 마음으로 저의 내면을 가꾸는 노력을 하니 그 사람을 알아볼 수 있었던 것 같아요."

어떻습니까? 자매가 멋있지 않나요? 자매처럼 '이 사람이구나' 하는 느낌이 들 수도 있지만 그런 느낌이 들지 않는 경우도 많습니다. 그럴 경우, 내가 도와 주면 상대가 성장할 가능성이 있다면 결혼을 결정해도 좋습니다. 그리고 당신의 기도제목을 점검해 보십시오. 진심으로 하나님이 기뻐하시는 기도를 하고 있는지 아니면 자신의 안목의 정욕을 위해 기도하고 있지는 않은지 살펴보십시오.

하나님은 정욕으로 구하는 기도는 듣지 않으신다고 했습니다. 키가 어떻고 신체 사이즈가 어땠으면 좋겠다는 기도 제목을 내는 사람이 꽤 많은데 이것은 하나님이 바라시는 기도 제목은 아닙니다. 왜냐면 어딘가에 있을 당신의 배우자는 이미 클 만큼 다 컸을 것이기 때문입니다. 솔직히 말해서 욕심으로 드리는 기도 아닙니까? 그러니 아무리 기도해도 응답이 없지요.

하나님은
준비해 놓고
기다리신다

지금부터 결혼을 위한 기도를 어떻게 할 것인지에 대해서 본격적으로 얘기하고자 합니다. 우선 하나님과의 합동작전이 필요합니다. 그러려면 믿음의 기도를 해야 합니다. 자기 욕심으로 구하는 것이 아닙니다. 하나님을 믿지 않고 어떻게 기도할 수 있겠습니까? 어쩌면 남들이 하니까 덩달아 새벽기도회에 나가서 통성기도를 할 수도 있습니다. 하지만 마음에 믿지 않으면 무슨 소용이 있겠습니까? 하나님이 배우자를 이미 예비해 놓으셨다는 것을 믿지 않는다면 무엇 때문에 기도하러 나옵니까?

그러면 믿음의 기도가 무엇입니까? "믿음은 바라는 것들의 실상이요 보이지 않는 것들의 증거"(히 11:1)라고 했습니다. 보지 못하고, 만지지 못하고, 알지 못하지만 믿음으로 보고, 믿음으로 바라고, 믿음으로 알기 때문에 기도하는 것입니다. 눈에는 안 보이지만 마치 손으로 잡은 것처럼 기도하는 것입니다.

하나님이 알고 계시는 바로 그 사람을 위하여 지금부터 중보기도를 시작하십시오. "남자 30억 중의 하나를 데려다 주세요"라고 하지 말고 마치 이미 그 사람을 알고 있는 듯 중보기도를 시작하라는 뜻입니다.

그동안 수많은 청년들을 만났지만 아주 많은 형제, 자매들이 잘못된 기도 때문에 응답을 받지 못하는 것을 봤습니다. 하나님의 마음에 합한 믿음의 기도를 드려야 합니다.

아무리 키가 크고 건강해도 그 속사람이 상처가 많으면 살아가면서 고생합니다. 아무리 일류대학을 나오면 뭐합니까? 속에 분노가 가득 차 있으면 폭력을 행사할 텐데요. 얻어맞으면서도 '명문대를 나온 사람이니까 괜찮아'라고 하시겠습니까? 초등학교밖에 못 나왔어도, 바보 온달이라고 해도 나를 사랑해 주고 섬겨 주고 헌신해 주는, 예수님의 형상을 닮은 사람과 사는 것이 더 낫지 않겠어요?

하나님은 당신을 위해 배우자를 예비해 두셨습니다. 믿음으로 달라고 기도하십시오. 하나님은 당신이 기도로 나아오기를 기다리고 계십니다. 하나님께서 당신의 정욕이 바라는 배우자 대신에 하나님이 친히 예비해 두신 배우자를 보내 주실 것입니다. 여러분이 세상적인 가치관을 버리고 성경적인 가치관으로 하나님께 기도하면 하나님이 기뻐하십니다.

예비하신
배우자를 위한
기도

주님이 예비하신 배우자를 위한 기도를 어떻게 하면 좋을까요?

먼저 배우자의 신앙을 위해서 기도하십시오. 제가 세미나를 할 때 물어보는 것이 있습니다. "성품 좋고 신앙 없는 사람 그리고 신앙 좋고 성품 나쁜 사람이 있다고 합시다. 여러분은 둘 중 누구를 선택할 겁니까?" 그러면 대부분 성품 좋고 신앙 없는 사람을 선택하겠다고 이야기합니다. 그러나 이 세상에 성품 좋은 사람은 단 한 명도 없습니다. 성품이 좋은 사람은 나쁜 성품을 잘 숨기는 능력이 있는 것이고, 성품이 나쁜 사람은 나쁜 성품을 숨길 능력이 없는 것입니다.

위에서 제가 극단적인 예를 들긴 했지만, 둘 중 하나를 선택해야 한다면 배우자로 진실한 신앙인을 선택하십시오. 성품이 나쁜 사람이라도 예수님을 잘 믿으면 점점 주님의 형상을 닮아가서 겸손하고 온유하게 됩니다. 예수 믿는 사람은 내적 치유를 받으면 변화되고 성화됩니다. 그러나 예수 안 믿는 사람은 교양과 도덕과 윤리로 자기를 잘 조절했기에 결혼하면 언젠가는 속을 드러내게 됩니다. 그러면 무섭게 폭발하기 시작합니다. 물론 성격과 신앙 모두 좋은 사람이 최고의 배우자감입니다. 제가 이렇게까지 이야기하는 것은, 그만큼 신앙이 중요하기 때문입니다.

저희 부부가 48년간 행복하게 살 수 있었던 비결은 신앙의 힘이었습니다. 제 아내가 저보다 신앙이 더 좋은 것 같습니다. 저보다 늘 한 시간 먼저 일어나서 기도하곤 합니다. 가족과 나라를 위해, 선교사님들을 위해 매일 중보기도하고 있습니다. 저는 기도하는 아내를 보면 너무나 예쁩니다. 저도 기도하지만 아내를 따라갈 수는 없습니다. 전 그런 아내가 너무나 좋습니다. 신앙으로 서로의 결점도 덮을 수 있습니다. 그러니 절대로 신앙을 양보하지 마십시오.

성경은 "믿지 않는 자와 멍에를 함께 메지 말라"고 경고합니다.

"너희는 믿지 않는 자와 멍에를 함께 메지 말라 의와 불법이 어찌 함께 하며 빛과 어둠이 어찌 사귀며"(고린도후서 6:14).

무엇보다도 배우자의 신앙 성장을 위해서 기도해 주십시오. 성숙한 신앙인은 모든 허물과 결점을 덮어 줄 수 있기 때문입니다.

부잣집에서 태어나 자란 똑똑한 자매가 있었습니다. 50번이 넘도록 선을 봤지만 결혼하지 못했습니다. 의사도 검사도 사업가도 다 싫다고 했습니다. 급기야 집에서 포기하기에 이르렀습니다. 그런데 어느 날 목사님이 소개해 준 형제와 결혼하기로 했다는 것입니다. 변변치 않은 대학 출신인데다가 부모님을 일찍 여의고 고학으로 공부를 마쳐서 가진 것이 하나도 없는 청년이었습니다. 그러나 눈물로 기도하고 적은 수입을 쪼개어 가난한 사람을 돕는 하나님의 사람이었습니다.

그 자매로부터 편지가 왔습니다.

"신앙 좋고 똑똑한 남자를 구했는데, 신앙이 좋다 싶으면 사람이 모자라고, 사람이 좋다 싶으면 신앙이 없어서 50번이나 거절해야 했어요. 그래서 하나님께 협박조로 기도를 드렸습니다. 배우자를 안 보내주시면 안 믿는 사람하고 결혼하겠다고요. 그랬더니 하나님이 놀라셨는지 이분을 보내 주셨어요."

바로 제 여동생의 이야기입니다.

저는 그 청년을 만나기 위해 한국에 들어왔습니다. 시골에서 부모님을 일찍 여읜 청년은 가난한 형 밑에서 자랐습니다. 형은 동생이 농사를 같이 지었으면 했지만 동생은 공부가 하고 싶었습니다. 그래서 집을 떠나 고학해서 중학교, 고등학교 그리고 지방대학을 나왔습니다. 키도 작고 여드름이 많은 얼굴에 샤프해 보이는 인상이 아니었습니다. 한눈에 봐도 촌사람이었습니다. 저는 외모를 보고 적잖이 실망했습니다. 그런데 함께 식사하면서 이야기를 시작하자 점점 그 청년에게 빠져들기 시작했습니다. 급기야 새벽 4시까지 이야기꽃을 피웠습니다. 저는 그청년에게 감동했습니다. 어릴 때부터 신앙이 좋았던 그는 아무리 형편이 어려워도 십일조를 빠뜨린 적이 없었고, 적은 용돈을 쪼개어 더 가난한 사람들을 돕곤 했습니다. 정말 신실한 사람이었습니다.

그렇습니다. 신앙이 가장 중요합니다. 제 여동생은 신앙 하나만 보고 결혼했습니다. 그리고 신앙의 힘으로 남편을 도왔습니다. 평강 공주가 되어 남편을 온달 장군으로 만들었습니다. 매제는 서울의 모 명문대학 대학원장을 여섯 번이나 연임하며 신임과 존경을 한 몸에 받는 저명한 교수가 되었습니다.

키, 연봉, 집안 이런 거 보지 마십시오. 처음부터 누리려고 하지 말고, 늘려가는 재미를 누리십시오. 형제들은 예쁜 자매 찾지 마세요. 엘리자베스 테일러가 젊었을 때 얼마나 예뻤는지 모릅니다. 하지만 그 모습이 영원합니까? 저는 그녀의 나이 든 모습을 보고 적잖이 실망했습니다. 사람을 보는 안목을 키우십시오. 키가 작고 직업이 신통치 않아도 성실하고 신앙 좋은 사람을 눈여겨보십시오.

인생의 봄은 10-20대라고 할 수 있습니다. 이때 활짝 꽃피는 사람이 있습니다. 진달래꽃, 개나리꽃 같은 사람입니다. 수능 잘보고 좋은 대학 가고 좋은 직장에 단번에 합격하며 승승장구합니다. 인생의 여름은 30-40대입니다. 장미꽃, 나팔꽃 같은 사람입니다. 십대 때 공부를 못했어도 특정 분야에 재능이 있어 사장이나 전문인이 되기도 하고, 방황하다 목사님이 되는 경우도 있습니다. 늦은 가을에 피는 꽃도 있습니다. 50-60대에 피는 꽃으로 국화처럼 은은한 향을 내는 인생입니다. 그러나 이때까지도 꽃을 못 피우지 못하다가 70-80대에 피는 사람도 있습니다. 동백꽃과 수선화 같은 사람입니다. 유명한 작가들이 이 나이에 꽃을 피웠습니다. 다들 인생의 꽃을 피우는데 자기만 못 피웠으니 얼마나 서러웠겠습니까?

인생이 일찍 꽃피우면 끝까지 승승장구할 것 같지만 반드시 그렇지는 않습니다. 인생은 마라톤입니다. 누구에게나 하나님께서 계획하신 자기 때가 있습니다. 서두르거나 조바심을 갖지 말고 길게 보십시오. 성실하고 신앙 좋은 사람은 언젠가는 인생의 꽃을 피웁니다. 그때를 준비하며 기다리는 것이 지혜입니다.

영혼육의 건강과 지혜를 구하라

둘째로 배우자의 건강을 위해서 기도하십시오. 영육간에 건강해야 인생이 행복합니다. 마음이 건강해야 어떤 역경이 찾아와도 이겨 낼 수 있습니다. 담대하고 신앙적으로 성숙하고 열등감이나 죄책감, 분노가 없으며 정서적으로 건강하도록 기도하십시오. 당신을 만나기 전에 하나님께서 먼저 배우자를 찾아가셔서 치유해 달라고, 그래서 서로 건강한 모습으로 만날 수 있게 해 달라고 기도하세요. 지금 교제하고 있다면 영혼육의 전인적인 건강을 하나님께서 책임져 달라고 기도하십시오. 배우자의 상처를 하나님이 친히 치유해 달라고 중보기도하세요.

셋째로 배우자의 지혜를 위해서 기도하십시오. 신앙, 건강 그리고 지혜가 세 번째입니다. 지혜가 얼마나 필요한지 모릅니다. 제 아내는 무척 지혜롭습니다. 우리 딸이 사춘기 때 부녀간에 갈등이 심했습니다. 그때마다 아내가 저를 달래며 조곤조곤 말해 주었습니다.

"여보, 당신은 딸을 이해하지 못하는군요. 아이를 당신 생각에 맞추려고 하지 마세요. 있는 모습 그대로 받아 주세요. 실수할 틈을 주세요. 그 나이에 그렇게 하는 건 당연한 거예요."

"우리 때는 안 그랬잖아…."

"여보, 그건 6·25 때 얘기죠!"

저와 아이들 사이엔 사실 태평양이 가로막고 있었던 셈입니다. 저는 한국전쟁 시절의 한반도 정서를 그대로 가지고 있었지만 아이들은 태평양 건너 미국에서 자랐으니까 미국 정서에 익숙한 게 당연했습니다. 아내가 중간에서 화목케 하는 역할을 잘해 주었습니다. 그 덕분에 딸과의 관계가 좋아졌습니다. 모두 아내의 지혜 덕분입니다.

빌리 그레이엄의 아내 루스 그레이엄이 이런 말을 했습니다.

"나의 남편 빌리 그레이엄을 고치는 분은 하나님이시고, 내가 남편을 위해서 할 일은 그를 격려하고 인정해 주고 세워 주는 것이다."

빌리 그레이엄이라는 위대한 설교자 뒤에는 훌륭한 아내 루스 그레이엄이 있었다는 사실을 알아야 됩니다. 이게 바로 아내의 지혜입니다. 남자에게는 뒤에서 격려하고 인정해 주고 세워 주는 아내의 지혜가 정말 필요합니다. 남편도 마찬가지입니다. 남편도 아내를 세워 주고 인정하고 자랑할 줄 알아야 합니다. 저는 우리 아이들한테 아내를 얼마나 자랑하는지 모릅니다.

"나는 너희 엄마가 너무 좋아, 사랑스러워. 너희들도 엄마가 좋지?"

남편은 아내를 사랑해야 합니다. 아내는 아이들의 엄마로서 존경을 받아야 합니다. 이게 바로 남편의 지혜입니다. 사랑하고 존경하고 권위가 살아 있는 가정을 만들 줄 아는 게 지혜입니다.

당신의 배우자가 이렇게 지혜로운 사람이 될 수 있도록 기도하십시오. 야고보서 말씀에 기대어 기도하면 됩니다.

"너희 중에 누구든지 지혜가 부족하거든 모든 사람에게 후히 주시고 꾸짖지 아니하시는 하나님께 구하라 그리하면 주시리라"(야고보서 1:5).

기도하면
영끼리
교감한다

마지막으로 배우자와 의사소통을 위해서 기도하십시오. 말이 통해야 문제가 없습니다. 인생의 비전을 공유하고, 서로의 가치관을 인정해 주고, 삶의 실력이 비슷하면 소통하기가 좋습니다. 서로 말이 통해서 후원해 주고, 인정해 주고, 뜻을 나누는 상대가 있다는 것은 정말 든든한 일입니다. 여러 가지 면에서 판이하게 다른 두 사람이 만나기도 합니다. 데이트하다가 의견이 충돌할 때 잘 해결할 수 있는 방법을 가지고 있어야 합니다.

저는 아내와 대화를 많이 합니다. 그러니까 의견 차이가 있어도 금방 해결되곤 합니다. 대화를 많이 하다 보면 신앙이 닮아 가고 비전을 공유하게 되고 실력도 비슷해집니다. 그러다 보면 대화가 점점 더 잘 됩니다. 대화에 공통점이 있고, 같이 할 수 있는 게 있어야 합니다. 데이트하면서 대화를 점검해 보는 것도 필요합니다. 말이 통하는 사이가 되도록 기도하십시오.

저는 의대 4학년 때 아내를 만났습니다. 아내를 만나기 전에 6년 동안 배우자 기도를 하고 있었습니다. 만나서 대화하는 순간 느낌이 팍 왔습니다.

'6년간 기도 속에서 만났던 자매가 바로 이 사람이구나.'

한눈에 반하는 것과는 다른 느낌입니다. 영적인 느낌입니다. 주님과 깊은 교제를 나누는 사람들은 이런 느낌을 압니다. 어떤 사람과 얘기해 보면 그 사람과 영적인 교감이 생기는 것을 알 수 있습니다. 반대로 어떤 사람은 탁탁 걸리기도 하지요. 이것은 말로 표현할 수 없고 수학적으로 계산할 수도 없는 오묘한 것입니다. 저는 이것이 영적인 감각이라고 생각합니다. 이것은 한쪽에만 일방적으로 오지 않습니다. 두 사람에게 같이 옵니다. 갑자기 나타나서 자기가 기도해 보니 하나님께서 당신과 결혼하라고 하셨다며 헛소리를 하는 사람이 있거든 경계하십시오. 절대로 속지 마세요. 거짓 유혹일 가능성이 높습니다.

배우자를 위해 기도하고 말씀 묵상하는 것이 매우 중요합니다. 하나님과의 영적인 교제를 통해 세워진 배우자 상이 있다면 그 사람을 만났을 때 영적 교감을 가질 수 있습니다. 반대로 거짓 접근은 금방 알아챌 수 있습니다. 데이트할 때도 함께 기도하고 묵상 나눔을 해 보십시오. 혹시나 있을 수 있는 성적인 유혹을 이기는 힘을 얻고, 과연 상대가 하나님께서 정말로 예비하신 짝인지 아닌지 알 수 있을 것입니다.

키가 작고 뚱뚱한 자매가 있었습니다. 어린이집 교사였는데 얼굴은 예쁘지 않았지만 신앙이 좋고 교회 일을 열심히 했습니다. 그런데 나이가 들어도 결혼하지 못했어요. 하루는 이 자매가 하나님께 작정 기도를 했습니다.

"하나님, 제가 앞으로 140일 동안 새벽 기도 나가고 저녁 금식하며 배우자를 위해 기도하겠습니다. 하나님께서 보내 주시면 어떤 조건도 안 보고 그를 선택하겠습니다."

정말 새벽에 일어나서 기도하고 저녁 금식하고 구별된 생활을 했습니다. 그런데 100일이 지나도 아무 기미가 보이지 않았습니다. 하지만 흔들리지 않고 계속 기도했어요. 그리고 140일째 되는 날 정말로 상대가 나타났습니다.

어디 먼 곳에서 백마 타고 나타난 왕자님이 아니라 같은 교회 청년부 오빠였습니다. 형제는 그동안 그 자매와 자기를 연결해서 생각해 본 적이 한 번도 없었답니다. 그런데 삶의 풍파를 겪은 끝에 하나님께 돌아와서 자기를 붙들어 줄 자매를 보내 달라고 간절히 기도했다고 합니다. 두 사람의 사정을 알고 있던 다른 형제가 둘을 소개해 준 것입니다.

처음엔 둘 다 놀라며 고개를 가로 저었지만 자매는 곧 자신이 하나님께 기도했던 바로 140일째에 보내 주신 형제임을 알고 자신의 생각을 내려놓았습니다. 하나님이 보내 주시면 어떤 조건도 보지 않겠다고 했으니까요. 형제도 그동안 알던 자매였지만 한 번도 생각해 보지 않았던 상대라 거절하려고 했는데 자기가 드렸던 기도의 응답이라는 생각이 들어서 거절할 수가 없었다고 합니다. 서로의 기도가 통했던 것입니다. 하나님께서 이 두 사람을 붙여 주기로 작정하신 것입니다.

이들은 지금 결혼하여 세 자녀를 두고 잘살고 있습니다. 누가 봐도 신앙으로 잘 서 있는 아름다운 가정입니다.

하나님께서 당신의 배우자 기도에도 응답하실 것입니다. 기도로 준비하세요. 영적인 교감을 느끼는 날 주님의 마음을 알게 되고, 주님의 계획을 알게 되면 축복 속에서 결혼할 수 있습니다. 그러니 배우자를 위해 기도하기를 멈추지 마십시오. 이렇게 당신이 배우자를 위해서 할 수 있는 네 가지 기도를 하십시오. 배우자의 신앙과 건강과 지혜를 위해서, 그리고 서로간의 소통을 위해서 기도하세요. 먼저 기도로 쌓고 만나는 커플은 서로에게 하나님의 축복입니다. 비록 지금은 그렇지 않더라도 계속 중보기도하면 언젠가 다른 모습으로 변화될 것입니다.

Chapter 9

이 사람이
당신의 짝입니다

기도로 준비하고 구체적으로 짝을 찾아 나서야 합니다. 망설이지 마십시오. 기다린다고 짝이 나타나지는 않습니다.

먼저 결단하십시오. 구하고, 찾고, 두드리겠다고 결심하세요. 연하도 좋고 연상도 좋습니다. 기도하고 있다면 이제는 찾으십시오. 지금 잠시 좋아 보이는 사람이 아니라 5년 후, 10년 후에 더욱 멋있어지고 더욱 아름다워질 사람을 찾으세요. 도전할 만한 가치가 있는지 확인해 보세요. 그리고 공을 들이세요. 공을 들이면 상대의 닫힌 마음도 열 수 있습니다.

대체 배우자를 어디에서 찾아야 할까요? 저는 같은 공동체 안에서 찾으라고 늘 말합니다. 그것이 좋습니다. 왜냐면 같은 목사님께 훈련을 받고, 같은 비전을 가지고, 같은 신앙의 컬러가 있기 때문입니다. 서로 공통점이 많으면 많을수록 행복합니다. 남녀는 원래부터 차이가 많습니다. 차이를 맞추는 것은 힘든 일입니다. 그러므로 가능하면 처음부터 차이가 적거나 아니면 줄이는 노력을 해야 합니다. 그래서 같은 공동체에서 찾는 것이 좋다고 하는 겁니다. 공통점이 많으면 60점은 따고 들어가는 셈입니다.

국제정신분석학자이신 이무석 교수와 패션 디자이너이신 문광자 권사 부부를 보십시오. 이무석 교수는 제 학교 후배인데 입학하자마자 CCC로 불러서 훈련을 받게 했습니다. 문광자 권사는 3년쯤 후배인데 딱 보니까 키도 크고 예쁜데 신앙까지도 아주 좋았어요. 그때 제가 CCC에서 남자 넷, 여자 넷으로 구성된 '더블 콰르테'라는 찬양대를 조직했는데, 여기에 이 두 사람을 뽑았습니다. 일주일에 세 번씩 만나서 찬양 연습하고 중환자실이나 나환자촌에도 가서 찬양 사역을 하곤 했습니다. 열심히 모여 다니면서 큐티 나눔과 성경 공부도 했습니다. 나중에 보니 여덟 명 중에서 커플이 세 쌍이나 나왔어요. 그 중에 한 쌍이 바로 이무석, 문광자 부부입니다.

평소에 문광자 자매를 짝사랑했던 이무석 형제가 고민에 빠졌습니다. 당시 찬양대에 연애 금지령을 내렸기 때문입니다. 오로지 하나님께만 집중하기 위해서 그랬습니다. 혼자서 마음이 깊어가던 이무석 형제가 제게 고민을 털어놓았습니다. 하지만 저는 후배들에게 찬양대 사역을 물려주고 난 다음에 고백하라고 단호하게 말했습니다. 결국 이무석 형제는 찬양대 사역을 마치는 순간부터 적극적으로 접근해서 결혼에 성공할 수 있었습니다. 지금도 잉꼬부부로서 후배들에게 아름다운 롤 모델이 되고 있습니다.

혼자 대예배만 드리고 가는 신앙생활은 하지 마세요. 청년부든 성가대든 교회학교든 공동체에 소속되어 예배를 드리며 멋진 이성을 만나십시오. 그렇게 만나서 결혼하면 얼마나 행복합니까? 신앙도 볼 수 있고, 삶을 대하는 태도도 볼 수 있고, 그의 진실함도 볼 수 있는 좋은 기회입니다. 그렇기 때문에 저는 공동체를 적극 추천합니다.

필을 버리고
팩트를
보라

하나님이 예비하신 배우자는 의외로 가까운 곳에 있습니다. 하나님은 개구쟁이가 아니십니다. 도저히 찾을 수 없는 곳에 배우자를 숨겨놓고 즐기시는 분이 아닙니다. 그런데 문제는 가까이서 자주 보다 보니 눈치를 채지 못한다는 것입니다. 이 사람인가 하다가도 "스파크가 안 통한다. 필(feel)이 안 온다"는 식의 말을 하면서 무시해 버립니다.

분명하게 말하는데 당신의 필을 믿지 마십시오. 설사 필이 온다고 해도 필로 결혼해서는 안 됩니다. 필은 통해도 좋고 안 통해도 상관없습니다. 필로 결혼한 사람 중에 이혼한 사람이 얼마나 많은지 모릅니다. 필은 믿을 것이 못 됩니다. 조변석개(朝變夕改: 아침저녁으로 뜯어고친다는 뜻으로, 일관성 없이 자주 고침을 이르는 말)합니다. 특히 자매의 필은 놀라울 정도로 왔다 갔다 합니다. 아침에 일어나서 좋다가도 낮에는 별안간 필이 안 올 수 있습니다.

필을 보지 말고 팩트(fact)를 보십시오. 신앙과 헌신과 잠재력을 보세요. 결혼은 잠시의 데이트와는 다릅니다. 평생이 걸린 문제입니다. 그에 반해 필은 금방 사라지는 신기루입니다. 그러나 그 사람이 가진 팩트는 속이지 않습니다. 크리스천으로서 배우자의 필은 갑자기 오는 게 아니라 같은 공동체에서 상대가 보여 준 팩트가 점점 진하게 만들어지는 것입니다.

공동체 수련회나 교회학교 여름성경학교 같은 데에서 눈을 크게 뜨고 살피세요. 어떤 형제, 어떤 자매가 열심히 일하고 헌신하는지 살펴보십시오. 기도하는 모습, 찬양하는 모습, 봉사하는 모습을 보고 은혜를 받을 수 있습니다.

저는 여자가 매력적인 존재라는 사실을 중학교 때 처음 느꼈습니다. 저와 같이 하숙하던 먼 친척 누나가 있었는데 집에 고장 난 게 있어서 고쳐 달라고 부탁했더니 누나가 여기저기 들여다보더니 열심히 고치는데 땀이 송골 맺히는 것이었습니다. 그 모습이 얼마나 매력적으로 보였는지 모릅니다. 그전에는 후줄근해 보이기만 했거든요. 아름다움은 외모만이 아니라 일하는 모습, 헌신하는 모습에서도 찾아볼 수 있다는 걸 그때 깨달았습니다.

자, 찾으십시오. 공동체에 가서 본격적으로 눈을 뜨고 찾아보세요. 전략적으로 기도하면서 적극적으로 찾으세요. 그러면 1년 내에 결혼할 수 있습니다. 이상적이고 완성된 사람이 아니라 조금 부족해서 당신이 도와주면 더 성장할 가능성이 있는 사람, 잠재력을 가진 배우자를 찾는 지혜를 가지십시오.

나를
짝사랑하는
형제의 마음을 캐치하라

본인은 모르는데 짝사랑하는 이성이 있을 수 있습니다. 이런 건 빨리 알아차려야 합니다. 여자는 남자보다 육감이 더 발달했다고 하지요. 하지만 짝사랑에 대해서만큼은 그렇지 않은 것 같습니다. 오히려 감각이 무딥니다. 다른 사람의 연애 상담해 주는 자매치고 자기를 짝사랑하는 형제를 알아보는 사람을 못 봤습니다. 자기를 짝사랑해 주는 상대를 놓쳐서는 안 됩니다.

'관심 있는 여자에게 보이는 남자'의 행동은 이렇습니다. 잘 기억해 두었다가 이런 모습이 보이는 남자가 주변에 있으면 꼭 잡으시기 바랍니다.

처음에는 자매의 주위를 빙빙 돕니다. 안 나오던 모임에도 나오고, 안 하던 봉사활동도 합니다. 청소할 때 옆에서 도와주고 간식 사러 가면 짐을 들어 줍니다.

그리고 시간이 될 때마다 자매를 쳐다봅니다. 마음이 움직였으니 이제는 눈이 움직일 차례입니다. 자꾸 쳐다보게 되어 있습니다. 자꾸 신호를 보냅니다. 이때 잘 알아차려야 합니다. 찌릿찌릿 눈길이 오잖아요. 마음으로 확신해도 좋습니다. 이때는 뭔가 열심히 하는 모습을 보여 주고, 가끔씩 눈을 마주치며 웃어 주는 센스를 발휘해야 합니다.

또 한 번도 마주치지 않았던 장소에서 우연히 형제를 만나게 됩니다. 남자는 일단 목적이 생기면 가만히 있지를 못합니다. 공동체에서 무리 가운데 만나는 것만으로 만족하지 못합니다. 만나야 할 이유를 만들거나 아니면 우연을 가장해서라도 만나야 합니다. 지금까지 한 번도 만나지 않은 장소에서 형제를 만나고 맛있는 밥이라도 먹게 된다면 바로 알아차려야 합니다. 우연인지 우연을 가장한 필연인지 머리를 굴려야 합니다.

마지막으로 갑자기 어색한 남자가 되어 버립니다. 옛날에는 아무렇지도 않게 대화했는데 가끔씩 말을 더듬고 작은 행동에도 어색해 하고 뭔가 자연스럽지 않은 행동을 합니다. 이때 자매가 "왜 그래요, 무슨 일 있어요?" 하고 다그치지 말고 갑자기 변한 형제의 어색함을 다독여 주어야 합니다.

공동체 안에서 당신에게 이런 변화를 보이는 형제를 발견하게 된다면 그때부터 당신도 공을 들이십시오. 조금만 적극적으로 나서도 곧 좋은 관계를 만들 수 있습니다. 혼자 애 태웠을 형제를 생각해서 다정하게 대해 주세요. 형제가 이해받고 사랑받는다는 느낌을 가지도록 해 주세요. 그렇게 하면 1년 안에 결혼을 정복할 수 있습니다.

나를 짝사랑하는 자매의 마음을 캐치하라

여자의 짝사랑에도 행동 패턴이 있습니다. 형제들은 자매의 이런 모습을 보면 즉시 안테나를 올리고 예민하게 관찰하십시오. 그리고 확신이 들면 붙잡으십시오.

처음에는 여자도 남자와 마찬가지로 자꾸 쳐다보게 됩니다. 몰래몰래 훔쳐보면서 신호를 보냅니다. '지금 내가 너를 보고 있다. 너도 얼른 나를 보도록 해라.' 속으로 부르짖으면서 자꾸 쳐다봅니다.

그러나 여자의 행동 중에서 확실하게 구분할 수 있는 행동은 짝사랑하는 남자 앞에서 예뻐 보이고 싶어 한다는 것입니다. 그 사람을 만나는 자리에는 좀 더 예쁘게 신경 쓰고 나옵니다. 아껴 둔 새 옷을 입고 온다든지 아니면 깨끗하게 손질해서 단정하게 입습니다. 안 하던 머리를 합니다. 화장도 하고 평소에는 하지 않던 향수를 뿌리는 센스도 발휘합니다.

여자의 최대 무기는 아름다움 아닙니까? 그래서 그의 앞에서는 최대한 아름다워지려고 노력합니다. 어떤 상황에서도 절대 그에게는 민낯을 보이지 않습니다. 수련회에 가면 새벽 기도 시간에 잠자던 모습 그대로 나오는 자매가 간혹 있는데 그 자매는 지금 아무에게도 관심이 없고, 어떤 형제의 관심도 받지 못하고 있는 게 확실합니다. 하지만 누군가를 짝사랑하고 있는 자매는 남들 다 자는 아침에 일찍 일어나 세수하고 화장하고 예쁜 옷으로 단장하고 나옵니다. 잠이 덜 깬 상태에서 그 자매를 보면 눈이 번쩍 뜨일 정도입니다. 수련회 새벽기도회에서 예쁘게 차려 입고 당신 앞에 나타나는 자매가 있으면 꼭 확인해 보시기 바랍니다. 거의 확실할 것입니다.

짝사랑하는 남자에게서 관심을 받고 싶은 여자는 일부러 그 앞에서 목소리를 좀 높여서 말하거나 평소에는 양푼으로 식사하던 사람이 그의 앞에서는 새 모이만큼 먹습니다. 그리고 그가 받아 주기를 기대하면서 무거워 보이는 물건을 들고 앞서 가기도 합니다. 남자가 센스 없게 안 받아 주면 넘어지기라도 할 것입니다. 그가 이야기할 때는 주의 깊게 들어주고 아무도 반응하지 않을 때면 오버해서라도 뻐꾸기를 날려 주기도 합니다(뻐꾸기가 구애하듯 이성을 꼬득인다는 의미의 말-편집자 주).

마지막으로 옛날에 남자아이들이 여자아이들 놀 때 고무줄 끊으면서 심술 맞게 굴었던 것처럼 여자는 짝사랑하는 남자 앞에서 장난치고 놀리기도 합니다. "나 잡아봐라" 같은 유치한 짓도 서슴없이 자행하게 됩니다. 반대로 남자가 거는 장난도 잘 받아 줍니다. 관심 없는 남자가 그렇게 하면 유치하다고 핀잔을 줄 텐데, 짝사랑하는 남자가 하면 즐겁게 받아 줍니다.

문제는 형제들의 무딘 감각입니다. 자매가 그렇게 열심히 신호를 보내도 끝내 알아차리지 못하는 남자가 있습니다. 남자는 한 곳을 보면 다른 곳이 안 보여요. 자기가 보는 자매 외에는 볼 수가 없어요. 하지만 이 글을 읽는 당신이 형제라면 이제 잠시 보던 곳에서 눈을 돌려 주변을 보십시오. 누가 예쁜 차림으로 당신 앞에서 왔다 갔다 하는지, 누가 당신에게 짓궂은 장난을 걸어오는지, 새벽 기도 시간에 누가 가장 예쁘게 치장하고 나오는지 살펴보십시오. 그런 자매를 발견하면 기회를 포착해서 적극적으로 접근하시기 바랍니다. 어쩌면 자매가 움칠할지도 모릅니다. 하지만 용기를 가지고 붙잡으세요. 진실 되고 성실한 모습으로 다가가십시오. 반드시 성공할 수 있을 것입니다.

연하도
남자다,
연상도 여자다

대개 남자는 여자보다 모자랍니다. 사춘기도 여자보다 2~3년 늦게 찾아오고 쉽게 말해서 좀 멍합니다. 그래서 자매들은 연상의 남자들을 주로 바라봅니다만 저는 오히려 연하 쪽으로 시선을 넓혀 보라고 말하고 싶습니다. 10살 연하도 상관없다고 생각합니다. 그냥 어리다고만 할 게 아닙니다. 연하라도 마음에 드는 형제나 연상이라도 마음에 드는 자매가 보이면 접근하세요. 연하에게 접근하는 것을 무슨 죄라도 짓는 것처럼 생각하는데 그럴 필요 없습니다. 제가 연하 남자친구 사귀는 방법을 알려드리겠습니다.

만약 자가용이 있다면 집회나 모임이 끝나고 나서 "끝나고 어디 가니? 집이 어디야?" 하고 물어보세요. 어디라고 대답하면 "그래? 마침 나도 그 동네에 갈 일이 있는데 가는 길에 누나가 데려다 줄까?" 하고 말하면 됩니다. 여기서 순진하게 "그래? 나랑 방향이 다르네. 지하철 타고 가라" 하고 돌아서 버리면 정말 어이없는 거죠.

그 다음에는 생일을 잘 챙겨 주세요.

"너 오늘 생일 아니니? 수첩을 보니까 네 생일이더라. 생일파티는 했니?"

"아니요. 아무도 모르던걸요."

"그래? 그럼, 내가 밥 사 줄게. 가자."

정말 절호의 찬스 아닙니까? 그리고 나서 기껏 자장면이나 사 주는 어리석음만 범하지 않는다면 최고의 찬스가 됩니다. 이때는 돈 좀 쓰십시오. 미리 선물을 준비해 두는 것도 좋습니다.

"생일 축하해. 작은 선물 하나 준비했는데 받아."

선물 안에 편지 한 장 넣어 주는 센스도 잊지 말아야 합니다.

"나는 네가 멋진 남자라고 생각해. 건강하고 행복한 생일 보내. 너를 위해 기도할게."

이런 말에 남자의 가슴이 먹먹해지는 겁니다. 바로 그 순간에 콩깍지가 싹 덮이게 됩니다. 이때부터 누나는 더 이상 누나가 아니라 여자로 보이게 됩니다. 눈길이 따라다니기 시작합니다. 그러면 얼른 변화를 눈치채십시오. 이 정도면 7부 능선을 넘은 셈입니다. 이제부터는 옷을 바꿔 입으십시오. 남자가 좋아하는 스타일로 입는 겁니다. 그의 관심에 조금씩 맞추어 주면 됩니다.

'날 좋아한다면 지금 내 모습 이대로도 좋아해야지.'

이런 생각은 하지도 마십시오. 결혼하고 나서면 몰라도 지금은 조금 맞춰 주는 게 좋습니다.

미국 탈봇신학교에는 유독 노처녀들이 많습니다. 39세의 자매가 있었는데 제가 보기에도 결혼하기 힘들게 생겼더군요.

"포기하지 말아요. 독신의 은사를 받은 게 아니잖아요. 여자는 여성스럽게 하고 다니는 게 좋습니다. 옷차림이 그게 뭐예요? 헤어스타일이 이상하잖아요. 외모에 신경 좀 쓰시고 주변에서 연하의 남자를 찾으세요."

그랬더니 그 자매가 은혜를 받았는지 배우자를 찾기로 뜻을 정했습니다. 신학기가 되자 31세의 청년 전도사가 입학했습니다. 39세의 자매가 그 청년에게 지극정성을 다했습니다. 영어를 잘 못하는 형제에게 영어를 가르쳐 주고, 차도 태워 주고, 집을 구할 때도 도와주는 등 여러 가지로 정성을 들였습니다. 이제 막 미국에 와서 어리둥절하고 잘 모를 때 도와주었으니 청년이 얼마나 고마워했겠습니까? 자매는 여기서 끝내지 않았어요. 그때부터 자신의 모습을 바꾸기 시작했습니다. 머리도 하고 옷도 바꾸고 화장도 하면서 자신을 가꿨어요. 자매가 한번 변하니까 정말 놀랍도록 예뻐졌습니다. 옛날 모습을 떠올리지 못할 정도였습니다. 이렇게 공을 들이다가 어느 날 결정적인 기회를 잡았습니다.

"너는 어떤 여자를 좋아하니? 나 같은 여자는 어때?"

"누나 같은 사람이면 좋지요."

그러자 그때를 놓치지 않고 자매가 "그래, 네가 찾는 여자가 바로 나야. 나도 네가 좋아. 우리 결혼하자" 이렇게 쐐기를 박아서 결혼에 성공했답니다.

나이 든 노총각 연예인이 자기보다 엄청 어린 여자와 결혼한다는 뉴스를 보면 속으로는 부러우면서도 겉으로는 "와, 도둑놈이 따로 없네" 혹은 "저 사람 혹시 변태 아냐?" 하고 험담하게 됩니다. 그러나 저는 나이에 상관없이 결혼할 수 있다고 생각합니다.

제가 다니는 교회에 열세 살 차이 나는 장로, 권사 부부가 있습니다. 치과의사인 장로님이 열세 살 연상입니다. 옛날에는 30세가 넘어도 결혼하지 못하면 바보라고 했습니다. 모두들 20대 중·초반에 다 결혼했지요. 장로님은 결혼에 뜻이 없어서 31세까지 미혼 상태였습니다. 그런데 어느 날 18세 여고생을 본 것입니다. 한눈에 그 여고생에게 반해버린 장로님이 그 여학생과 결혼하겠다고 선언했습니다. 집에선 변태 아니냐고 난리가 났지만 장로님이 뜻을 굽히지 않자 집안에서 여학생의 집으로 중매를 넣었답니다.

"우리 아들이 댁의 따님을 좋아한답니다. 따님이 고3인 것은 아는데…."

그 집의 반응도 마찬가지였습니다. 그런데 여학생이 한번 보자고 하더랍니다. 그래서 만났는데 순순히 결혼하겠다고 했답니다. 그래서 여고생은 대학도 못 가고 바로 결혼했습니다.

이들 부부는 미국에 이민 와서 잘 살고 있습니다. 그런데 남편이 열세 살 어린 아내에게 꼼짝도 못합니다. 권사님이 여걸입니다. 왜 결혼했냐고 물었더니 서른한 살 노총각이 불쌍하게 보이더랍니다. 그래서 구제하는 심정으로 결혼했다고 하는데 권사님이 확 휘어잡고 삽니다. 지금 장로님은 치과의사를 은퇴하고 캄보디아에서 의료선교 활동을 하고 있습니다.

자, 보십시오. 결혼할 수 있습니다. 젊은 아내에게 꽉 잡혀 살면 됩니다. 피하지 마시고, 안 된다고 생각하지 마시고, 도전하십시오. "정말 저 자매 아니면 안 된다", "저 형제 아니면 안 된다" 하는 생각이 들면 도전해야 합니다. 아무리 나이가 들었더라도 소망을 잃지 말고 적극적으로 나서길 바랍니다.

아무리 나이 차이가 나도 자아상이 바뀌면 됩니다. 결혼하고 나면 거의 동시대 사람이 되고 맙니다. 같은 수준이 되기 마련입니다. 그러니 염려하지 말고 나이에 신경 쓰지 말고 도전하십시오.

마음에 드는 상대를 찾았다면 적극적으로 행동하십시오. 밥 먹을 때도 옆에 가서 앉으세요. 상대가 무엇을 좋아하는지 살펴봤다가 필요할 때에 잘 활용하세요. 이런 지혜와 노력이 필요합니다. 멍하니 바라보며 속만 끓이지 마십시오. 혼자서 기도만 하고 있으면 하나님도 대책이 없습니다. 이제부터라도 긍정적으로, 적극적으로 행동하시기 바랍니다.

필을 보지 말고 팩트를 보십시오.
성장할 가능성이 있는
사람을 찾으십시오.
찾고 두드리면
반드시 열립니다.

Chapter 10

돌멩이냐
다이아몬드냐

학벌과
숫자가
사람은 아니다

모 결혼정보업체에서 1등 배우자감을 조사해서 발표했습니다. 직업, 연봉, 사회적, 경제적 지수 등의 조건과 키, 몸무게, 인상, 신체 지수 등의 외모, 그리고 부모의 학력, 재산과 직업 등 가정환경 지수를 고려하여 100점을 만점으로 하여 조사했다고 합니다.

그 결과 97.757점을 맞은 최고의 신랑감이 있어서 소개하겠습니다. 남자 평균 점수가 68점이니 이 남자의 조건은 엄청납니다. 현재 38세의 이 남자는 미국 명문 경영대학원을 졸업하고 외국계 IT 통신전문기관의 경영관리자가 되었으며, 1년에 10억 원의 연봉을 받고 200억 원

정도의 재산을 가졌습니다. 키는 180cm, 몸무게는 73kg, 인상이 좋고 잘생겼습니다. 2남1녀 중 차남으로 아버지는 대학 교수이시고 집안의 재산은 약 300억 원이 넘습니다.

97.110점을 받은 최고의 신붓감은 어떨까요? 28세의 이 여성은 미국 명문대 로스쿨을 졸업하고 변호사로 활동하고 있습니다. 연봉은 1억 5천만 원이고 재산은 14억 원입니다. 키는 167cm, 몸무게는 48kg, 외모도 A급 수준입니다. 세 자매 중 둘째로 아버지가 대학 교수이시며 집안의 재산은 50억 원이 넘습니다.

요즘 세상 사람들이 바라는 배우자 상이 이렇습니다. 어떻습니까? 이런 최고의 신랑감, 최고의 신붓감과 결혼하고 싶습니까? 단언하지만 이런 사람과 결혼하면 십중팔구 정신병에 걸리고 말 것입니다. 이런 사람은 상대에게도 자기와 같은 수준을 요구하게 되어 있습니다. 게다가 이 자료는 전부 외적인 것만 보고 평가한 것 아닙니까? 그의 내면이 어떤지 비전과 신앙이 어떤지는 알 수가 없습니다.

그런데 이런 사람들이 결혼하면 이혼할 확률이 매우 높습니다. 왜 그럴까요? 외적인 요소만 보고 따져서 결혼하기 때문입니다. 학벌과 재산이 우리를 행복하게 만들어 주지는 않습니다.

진짜를 볼 줄 아는 눈이 있어야 합니다. 사람을 볼 때 전체를 볼 수 있는 눈이 있어야 됩니다. 그리고 지금 똑똑한 사람보다 10년 후에 더 멋있어질 사람을 알아보는 안목이 필요합니다.

지금은 큰 교회의 목사님이자 베스트셀러 작가인 분이 있습니다. 그 분은 몸이 너무 약해서 신학교에서도 "그렇게 몸이 약해서 어떻게 목회를 하겠어? 그만두는 게 낫겠어"라는 말을 들었다고 합니다. 게다가 마침 교제하던 자매에게서 이별을 통보받고 충격을 받아 우울증에까지 빠졌다고 해요. 그런데 그런 그를 알아봐 준 여성이 있었습니다. 사모님이 그의 미래를 보고 그를 선택한 것입니다. 누가 봐도 예쁘고 현숙한 여성입니다. 한번은 목사님이 집회를 인도하고 나오는데 어떤 자매가 와서 인사를 하더랍니다. 옛날에 자기를 찼던 자매였어요. 그 자매가 "목사님, 이렇게 멋진 분이 되실 줄 알았으면 그때 차지 말걸 그랬어요"라고 웃으며 말하더랍니다.

가능성이 있는 사람을 알아볼 수 있는 혜안을 달라고 기도하십시오. 그리고 관심 있는 이성과 큐티 나눔도 하고, 많은 대화를 나누고 비전을 나누십시오. 하나님께서 배우자인지 아닌지 마음에 알려 주실 것입니다. 그런데 어떻게 해야 상대의 10년 후 미래가 보일까요?

원석을
못 알아보면
돌멩이에 지나지 않는다

남아프리카공화국은 다이아몬드가 많이 나는 나라입니다. 다이아몬드 원석이 돌처럼 굴러다닌다고 합니다. 하지만 눈앞에 아무리 원석이 굴러다니면 뭐합니까? 돌멩이로 보이면 그만입니다. 아무 소용이 없습니다. 원석을 깎고 다듬어야 다이아몬드가 됩니다.

처음부터 다이아몬드를 찾지 말고 원석을 찾으십시오. 가끔 다이아몬드같이 보이는 이성이 나타납니다. 결혼하고 싶어지죠? 하지만 결혼하고 나면 알게 될 것입니다. 다이아몬드가 아니라 짝퉁이라는 것을요. 젊은 시절에 그것도 미혼에 다이아몬드인 사람은 없습니다. 결혼생활이 바로 원석을 깎고 다듬는 과정이기 때문입니다. 그래야 비로소 다이아몬드가 나옵니다.

이런 원석을 알아보는 안목이 필요합니다. 현재가 아닌 미래의 가능성을 가지고 바라보면 갑자기 주변에 배우자 후보가 많아집니다. 교회에 가 보세요. 지금은 모자라 보이는 형제들이 얼마나 많습니까? 모자라 보여서 싫죠? 그런데 그런 사람이 바로 원석입니다. 원석을 보고 미래의 다이아몬드를 알아보는 혜안을 가진 지혜로운 자매가 얼른 채 갈지도 모릅니다.

결혼과 함께 도전과 성장이 멈추는 것이 아닙니다. 결혼하고 나서도 얼마든지 성장할 수 있습니다. 제 아들과 며느리는 결혼하고 나서 공부를 더 하고 성장했습니다. 성장은 평생에 걸쳐서 진행됩니다. 그렇기 때문에 성장할 수 있는 잠재력, 다이아몬드가 될 수 있는 원석 같은 사람을 골라야 됩니다. 배우자를 성장시킬 수 있는 사람을요. 그러면 결혼하고 나서도 보람 있는 삶을 살 수 있습니다.

김인수 박사와 김수지 박사 부부의 이야기를 소개하겠습니다. 2003년에 돌아가신 김인수 박사는 미국 M.I.T. 공과대학 정책연구소 선임연구원, 한국과학기술원(KAIST) 경영과학과 교수, 고려대학교 국제교육원장 등을 지내고 많은 저서를 저작한 훌륭한 분이셨습니다. 그런데 이화여자대학교를 졸업한 김수지 박사와 결혼할 때만 해도 고등학교를 간신히 졸업한 가난하기 짝이 없는 청년이었습니다. 외모도 별로였고 예수도 믿지 않았습니다.

김인수 박사가 영어를 배우러 조이클럽에 갔다가 김수지 박사가 그를 전도하기 위해 만났는데 사람이 진국이란 걸 알아본 것입니다. 결혼하겠다고 했을 때는 집에서 난리가 났습니다. 가난한 촌사람인데다가 고졸 학력밖에 없으니 부모 입장에선 말도 안 되는 일이었을 것입니다. 하지만 김수지 박사는 그런 남자를 선택해서 남편을 공부시키고 유학 보내 미국에서 박사 학위를 받게 하고 본인도 보스턴에서 간호학 박사를 받아서 돌아왔습니다.

이것이 바로 사람을 볼 줄 아는 혜안입니다. 은퇴한 김수지 박사는 일흔이 넘은 나이에도 아프리카에 가서 선교 활동을 하고 있습니다.

당신은 명문대 출신인데 학벌도 형편없고 가진 것 하나 없는 시골 촌사람이 프러포즈해 온다면 어떻게 하겠습니까? 그의 미래를 볼 수 있겠습니까? 결혼하겠다고 선뜻 결정할 수 있겠습니까?

PART 4

결혼을 위한 실전,
지혜롭고 순결하게
만나라

Chapter 11

데이트와
스킨십
사이에서

저는 목사님의 소개로 아내를 처음 만났습니다. 그저 인사만 잠시
하려고 나갔다가 당당하고 멋있는 모습에 첫인상이 무척 좋았습니다.
첫인상이 나쁘다고 결혼 못하는 것은 아니지만 첫인상이 좋으니까 더
좋았습니다. 그러니까 표정 관리를 하십시오. 괜히 움츠리거나 주눅들
필요 없습니다. 시무룩하고 어두운 표정을 버리십시오. 당당하십시오.
상처가 있고 두려움이 많고 열등감이 있는 사람은 데이트를 잘 못합니
다. 말도 제대로 못하고 퇴짜 맞을까 봐 전전긍긍합니다. 데이트도 실
력입니다. 그러니 상처를 치유 받기 바랍니다.

그런데 어떻게 하면 상대의 10년 후 모습을 볼 수 있을까요?

일단 데이트가 시작되면 꼭 확인해야 할 것이 있습니다. 사람들은 자기 모습은 생각하지 않고 이상적인 배우자만을 찾습니다. 그런데 중요한 것은 이상적인 배우자가 나타난다 하더라도 본인이 준비되어 있지 않으면 결혼할 수가 없다는 사실입니다.

"어떻게 하면 이상적인 배우자가 될 수 있을까?"

"어떤 사람이 이상적인 배우자인가?"

질문을 던져야 합니다. 그리고 세 가지 기준에 따라 당신뿐 아니라 상대도 함께 점검해야 합니다. 앞장에서 다룬 '10년 후가 더 멋진 사람'을 알아보는 법도 마찬가지입니다. 만약에 마음에 드는 이성이 나타나서 데이트를 시작하게 된다면 반드시 초기에 이 기준을 통해 그가 어떤 사람인지 알아보십시오.

기준은 마스터(Master), 미션(Misssion), 메이트(Mate), 즉 3M입니다. 3M이 맞지 않거나 심하게 충돌하면 이별을 고려해야 합니다.

주인을 알고
목적을 알아야
배우자를 알아본다

첫째, 마스터(Master)란 "내 인생의 주인은 누구인가"라는 기준입니다. 3M 중에 가장 중요한 요소입니다.

"한 사람이 두 주인을 섬기지 못할 것이니 혹 이를 미워하고 저를 사랑하거나 혹 이를 중히 여기고 저를 경히 여김이라 너희가 하나님과 재물을 겸하여 섬기지 못하느니라"(마태복음 6:24).

사람은 하나님과 재물을 동시에 섬기지 못합니다. 세상 사람들이 추구하는 것은 재물입니다. 황금만능주의가 하나님과 견주는 것입니다. 그러나 크리스천에게 가장 중요한 것은 예수 그리스도가 나의 주인인가입니다. 하나님에 대한 마스터십(mastership)이 있는가를 당신 자신과 상대 모두 점검해야 합니다.

저는 데이트를 많이 해 봤습니다. 그러나 자매를 볼 때 외모를 보지 않고 어떤 사람인지, 신앙이 어떤지를 봤습니다. 자매가 섬기는 인생의 주인(Master)이 누구인지를 본 것입니다. 그리고 제 인생의 주인인 예수님을 소개하곤 했습니다. 몇 시간에 걸쳐서 신앙 간증을 하기도 하고 예수님이 누구신지에 대해서 복음을 전하기도 했습니다. 그렇게 해서 어떻게 데이트가 되겠냐고 묻겠지만 제 아내는 즐겁게 들어주었습니다.

인생의 주인이 누구인가에 대한 질문은 반드시 해야 합니다. 그가 섬기는 것이 돈일 수도 있고 이방신일 수도 있습니다. 데이트하면서 주인이 누구인지 알아보는 동시에 상대에게 예수님이 주인이 될 수 있도록 전해야 합니다.

두 번째, 미션(Misssion)은 인생의 목적, 사명감이 무엇인가입니다. 예수 그리스도를 만나고, 예수님의 주되심을 가진 사람들은 분명한 사명감(Mission)을 갖습니다. 왜냐면 하나님 자녀의 신분을 가지면 하나님께서 반드시 사명을 주시기 때문입니다.

"그러므로 너희는 가서 모든 민족을 제자로 삼아 아버지와 아들과 성령의 이름으로 세례를 베풀고"(마태복음 28:19).

이런 사명감이 생기는 거예요. 이게 바로 미션입니다. 그런데 예수 그리스도를 만나지 못한 사람에게는 돈 버는 것이 미션입니다. 그래서 어떤 방법을 써서라도 돈을 벌려고 합니다. 돈 많이 버는 직업, 돈 많이 버는 방법을 택합니다.

반면에 예수 그리스도를 만난 사람들은 의사가 되거나 변호사가 되거나 교사가 되거나 상관없이 일의 목적이 돈에 있지 않고 하나님의 영광을 위하고 하나님 나라와 하나님의 의를 위한 것에 있습니다. 목적이 다릅니다. 미션이 다른 것입니다. 다른 말로 하자면 비전이라고 할 수 있습니다. 사명감, 인생을 사는 의미, 목적, 가치관, 인생관, 그리고 세계관이 다 미션을 설명하는 말들입니다. 미션이 제대로 서 있는 사람은 훌륭한 배우자감입니다.

저는 데이트할 때 이런 이야기를 많이 했습니다. '앞으로 어떻게 살

것인가, 비전은 무엇인가, 하나님이 나를 어떻게 선택하셨고, 어떻게 사용하고 계시고, 어떤 꿈을 갖고 살고 있는가'에 대해서 말해 주었습니다. 들려주는데 상대방이 지루해하면 다시 만나지 않았습니다. 너무 단호하게 보일지 모르지만 하나님 앞에서 분명히 해야 할 것이 있기 때문입니다. 우리는 여호수아가 물었던 질문에 답해야 할 의무가 있습니다.

"너희가 섬길 자를 오늘 택하라"(여호수아 24:15).

셋째, 메이트(Mate)는 "준비된 배우자는 어떤 사람인가"에 대한 기준입니다. 예수님을 만나고 사명감도 있는데 내면에 상처가 많은 사람들이 있습니다. 선교사로 헌신했지만 정작 사역지에 가서는 싸움에 휘말립니다. 열등감 같은 상처가 아직 치유되지 못한 채 내면에 고스란히 남아 있기 때문입니다. 그래서 내적 치유를 받아야 하고 책도 읽고 상담도 받아야 합니다. 그래서 건강한 자아상을 갖는 게 중요합니다.

당신은 분명히 배우자에 대한 가치관을 가지고 있을 것입니다. 그 가치관을 존중하는지, 그 위에 더하여 상대의 인생의 주인이 누구이며 그의 인생의 목적이 무엇인지를 꼭 확인해 보기 바랍니다.

3M이 맞지 않으면 결혼을 하더라도 무척 힘든 기간을 보내야 할 수도 있습니다. 배우자가 하나님 앞에 무릎 꿇고 나아오기까지 많은 시

간이 걸릴 수 있다는 사실을 명심하시기 바랍니다. 더불어 자기 자신도 자신 인생의 주인과 미션을 분명히 해서 하나님 앞에 준비된 자로 깨어 있어야 합니다. 그렇지 않으면 어느 날 갑자기 기회가 찾아와도 놓칠 수밖에 없게 됩니다.

저는 아내를 처음 만난 날 3M을 이야기했습니다. 제 삶의 주인이 누구인지, 인생의 사명이 무엇인지, 하나님을 만난 후에 나의 정체성이 어떻게 변했는지 이야기했습니다. 아내는 열심히 내 이야기를 들어 주었고, 아내 역시 자신의 신앙을 간증했습니다. 고맙게도 아내는 그날 내심 나를 남편으로 결정했다고 하더군요.

그 외에 배우자와 함께 몇 가지 테스트를 해 보십시오. 성격 테스트, 기질 테스트, 가치관 테스트, 비전 테스트 등을 해 보면 좋습니다. MBTI 검사를 통해 성격 유형을 알 수 있고 DISC 검사를 통해 기질을 체크해 볼 수 있습니다. 전문 검사 기관을 통해 풍부한 자료를 바탕으로 한 전문가의 조언을 들을 수 있으니 꼭 한 번 해 보는 것이 좋습니다.

테스트와 점검을 한다고 해서 배우자로서 합격 또는 불합격 판정을 내린다는 뜻이 아닙니다. 결과가 서로 다르게 나왔다면 축복이라고 생각하십시오. 상대를 더욱 이해하고 사랑하는 데에 도움이 되고 돕는 데에 중요한 단서가 될 것입니다.

관심 있는 형제, 자매와 데이트를 시작하면 반드시 3M을 점검해 보라고 했습니다. 3M 점검 후에는 서로 비전을 나누는 것이 중요합니다. 하나님과 인격적인 만남을 가지고 교제하다 보면 자연히 비전을 품게됩니다. 그 비전에 충만하게 됩니다. 데이트할 때부터 비전을 나누고 공유하십시오. 결혼하고 나서 시작하면 늦습니다. 미리 준비해야 시너지 효과가 나타나고 결혼하면서 비전이 완성됩니다.

저는 아내와 교제를 시작하면서부터 비전을 나누었습니다. 그리고 아내가 제게 이렇게 대답해 주었습니다.

"나도 당신의 비전과 같은 인생을 살고 싶어요."

저는 아내의 말을 듣고 감동했습니다. 그래서 더 이상 망설일 것 없이 프러포즈했습니다. 저는 키가 크고 아내는 작습니다. 요즘은 키가 크면 배우자도 큰 사람을 고르지만 저는 키는 아무 상관도 없었습니다. 오로지 신앙, 주님께 대한 헌신만을 봤습니다. 그리고 우리는 '하나님 나라와 하나님의 영광을 위하여'라는 데에 뜻을 모았습니다.

결혼하기 전에, 데이트하는 동안에 비전을 나누고 하나로 모으십시오. 그리고 하나님께서 서로를 통해 이루실 일을 기대하십시오.

이런 경우도 있습니다. 자매가 "나는 선교사로 나가고 싶다"고 했는데, 형제는 "나는 선교사가 되기보다는 돈을 벌어서 돕고 싶다"고 합니다. 이럴 때 바로 헤어져야 할까요? 아닙니다. 결론부터 말하자면, 서로 비전을 조율하십시오. 사실 이 두 가지 비전은 크게 다르지 않습니다. 그렇다고 똑같지도 않습니다. 비전이 완전히 일치하거나 한쪽이 일방적으로 다른 쪽 비전을 따라 준다면 모를까 그게 아니라면 서로 조율해야 합니다.

예를 들어, 순서를 정하면 됩니다. 처음에는 형제의 뜻을 따라 돈을 벌어서 선교사를 지원하다가 나이가 들어서 은퇴하게 되면 전문인 선교사가 되어 현지로 나가면 됩니다. 얼마든지 조율이 가능합니다.

나이가 50세가 되든 60세가 되든 선교사로 나갈 수 있는 기회는 찾아옵니다. 그리고 선교라는 것이 보내는 자도 있어야 되고 가는 자도 있어야 합니다. 그러니 서로 비전을 조율하십시오.

그렇다고 반드시 결혼 전에 모든 것을 정할 필요는 없습니다. 유연하게 맞추세요. 결혼하고 나서 얼마든지 더 구체적으로 고쳐 나갈 수 있기 때문입니다. 비전이 다르다고 해서 무작정 헤어질 게 아니라 서로 다른 것을 축복하면서 고민하며 조율하는 노력을 기울이십시오.

또한 선교지로 정한 나라가 다를 수도 있습니다. 이것 때문에 고민할 필요는 없습니다. 한 곳씩 순서를 정해서 방문해 보고 나서 마음을 정해도 됩니다. 그래도 다 가고 싶다면 그것은 하나님이 주시는 마음입니다. 더 크게 일하시면 됩니다. 두 곳을 다 섬기면 되니까요. 바울은 에베소에만 있지 않았고 고린도에만 있지도 않았습니다. 교회를 세우고 이리저리 이동하지 않았습니까? 비전은 얼마든지 서로 맞추고 조율할 수 있습니다.

저와 아내의 비전이 처음부터 컸던 것은 아닙니다. 그런데 점점 자라기 시작했습니다. 하나님이 주시는 비전은 점점 성장합니다. 지경을 넓혀 주십니다. 지금 저는 전 세계를 다닙니다. 아내도 처음에는 평범한 자매였습니다. 하지만 이제는 저와 함께 비전을 공유하며 함께 사역하고 있습니다.

이것이 하나님의 방법입니다. 지금 당장 사역지로 나가지 않아도 됩니다. 그럴 필요 없습니다. 그렇게 하면 오히려 금방 지쳐서 포기하게 됩니다. 그렇게 하지 말고 하나님이 보여 주시는 길을 멈추지 말고 추구하십시오. 기도하십시오. 훈련받으십시오. 좋은 책을 읽으세요. 지금 당신이 이 책을 읽고 있는 것도 일종의 훈련이고 성장입니다. 남녀가 만나서 영화 보고 저녁 먹고 즐거운 시간을 보내는 것도 좋지만 비전을 위해 함께 공부하고 훈련받는다면 그 사랑이 얼마나 더 단단해지고 커지겠습니까?

그리고 현실에 충실하게 사십시오. 최선을 다해서 자신의 분야에서 영향력 있는 사람이 되십시오. 그렇게 천천히 준비하세요. 언어도 공부하고 말씀을 공부하면서 차근차근 시작하십시오. 아무런 준비도 안 되어 있는데 하나님께서 기회를 주시지는 않습니다. 준비하고 있는데 기회가 오는 것이 기적입니다. 하나님께서는 그런 기적을 준비하고 계십니다.

제가 마취과를 택하고 사역 훈련을 받으면서 준비했을 때 하나님께서 비전을 키워 주셨고 길을 열어 주셨습니다. 당신이 비전을 준비할 때 하나님께서 비전을 키우시고 기적을 베풀어 주십니다.

데이트하는 동안 비전을 나누고 조율하고 성장시키는 일에 열심을 내기 바랍니다.

영과 혼과 몸이 흠 없는 데이트를 하라

데이트에는 만나는 동안 그 사람을 알아간다는 목적이 있습니다. 재미도 있어야 하지만 재미가 목적이 될 수는 없습니다. 그러면 대개 성관계를 맺고 상처투성이로 끝나기 마련입니다. 그러므로 데이트를 통해 하나님께 영광을 돌리고 예비하신 배우자를 만나야겠다고 결심해야 합니다. 그렇게 하면 상대를 진지하게 대하게 됩니다. 성적인 유혹에 쉽게 넘어가지 않습니다.

상대를 알려면 전인격적으로 알아야 합니다. 서로를 알기 위한 데이트에는 순서가 있습니다. 영적인 단계, 혼적인 단계, 육적인 단계를 거치게 되어 있습니다(살전 5:23). 이 순서에 따라 데이트하시기 바랍니다.

억지로가 아니라 자연스럽게 할 수 있습니다. 그래야 하나님이 기뻐하시는 데이트를 할 수 있습니다.

첫 번째로 영적인 만남이 필요합니다. 처음 만나면 가볍게 식사하고 이야기할 수 있습니다. 하지만 이때 가장 중요한 것은 상대의 영적 상태가 어떤가를 알아보는 것입니다. 큐티 나눔을 하거나 찬양을 함께 부를 수도 있습니다. 영적인 이야기를 나눌 수 있도록 하십시오. 이것은 영적으로 하나 됨을 이루기 위한 단계입니다.

저는 아내와 데이트할 때마다 찬양을 많이 불렀습니다. 그러다 보니 데이트하는 동안에 신앙이 많이 성장했습니다. 아내와 저는 영적으로 하나가 되었습니다.

대개 약 2~3개월 만에 제1관문을 통과하게 됩니다. 이것을 '영통'(靈通, spiritual oneness)이라고 합니다.

두 번째, 혼이 통할(psychological oneness) 차례입니다. 혼은 '지정의(知情意)'로 이루어져 있습니다.

먼저, '지'는 상대방에 대해서 아는 것을 말합니다. 가족 사항, 성격의 장단점, 학력, 재정상태, 인간관계 등 상대방에 대한 모든 정보를 아는 것입니다. 이게 그 사람에 대한 지식(knowledge)입니다. 서로 알아야 합니다. 숨기면 위험합니다. 6개월 정도 지나면 대개 모든 걸 알게 됩니다. 상대방의 단점과 상처를 과연 당신이 감당할 수 있는지 잘 판단하고 결정해야 합니다.

둘째, '정'은 감정입니다. 사랑이 싹틀 때는 처음에는 "I like you" 좋아하는 감정이 생깁니다. 사람들은 여기서 잠시 혼동하기도 하지만 아직은 사랑이 아닙니다. 고양이가 쥐를 좋아하지만(like) 사랑하지는 (Love) 않는 것과 같습니다 'like' 감정에서 결혼하면 안 됩니다. 이보다 더 나아가서 "I love you" 하는 사랑의 감정이 생겨야 결혼하는 것입니다. like는 자기 중심적이고 love는 상대방이 중심이 되는 이타적인 것입니다. 영적으로 하나되고 계속 만나다 보면 사랑이 생깁니다. 그때부터 그 사람을 주야로 묵상하기 시작합니다. 사랑하면 상대방을 묵상하게 되어 있습니다. 그 사람 생각만 해도 즐겁습니다. 사랑에 빠졌다고 말합니다. 이 단계에서 결혼하는 경우가 많은데 이것만으로는 부족합니다.

셋째, '의'는 선택입니다. "나와 결혼해 줄래?" 하고 묻는 단계입니다. 인생에 단 한 번밖에 없는 결혼입니다. 기도하고 마음을 결단합니다. 프러포즈하는 의지적인 선택의 단계, 결단의 단계입니다.

저는 만난 지 6개월 만에 아내에게 약혼하자고 했습니다. 상대방과 영이 통하고 지와 정이 생겼다면 결혼하기로 결단하면 됩니다.

제가 약혼하자고 했더니 아내와 양가 부모님이 허락해 주었습니다. 만난 지 15개월 만에 결혼에 골인했습니다. 15개월 정도 데이트하면 충분합니다. 더 지체할 필요가 없습니다. 누구나 자기 상황에 맞게 하면 됩니다. 하지만 데이트 기간이 길든 짧든 상관없이 먼저 영적인 하나됨을 경험하고 지정의 단계를 거치고 나서 결혼을 결정하시기 바랍니다.

그래서 다시 한 번 강조하지만 같은 공동체에서 배우자를 만나는 게 좋습니다. 모든 단계를 빨리 그리고 비교적 정확하게 알 수 있으니까요. 각 단계를 생략하지 말고 건너뛰지 말고 잘 해내세요.

데이트의 마지막 세 번째 단계는 육의 단계입니다. 영이 통하고 혼이 통하는 단계를 지나면 스킨십의 단계에 들어갑니다.

서로 사랑한다고 고백한 커플이 있습니다. 그런데 남자가 손을 잡으니 여자가 화들짝 놀라면서 "사탄아, 내게서 썩 물러가라!" 하고 소리 지르면 되겠습니까? 말도 안 되죠. 사랑하면 스킨십은 자연스러운 것입니다.

그런데 스킨십에는 커다란 함정이 도사리고 있습니다. 앞에서 영과 혼이 통하는 단계를 잘 거친 커플이라면 아름답고 멋진 육의 단계를 맞이하겠지만 그렇지 못한 경우에는 서로 큰 상처를 안고 헤어질 수도 있습니다. 절제와 결단이 필요하다는 뜻입니다.

자연스럽게 손을 잡고 어깨동무를 하며 가끔씩 손등이나 이마에 사랑의 키스를 한다면 얼마나 아름답고 행복하겠어요? 육의 단계는 딱 여기까지입니다. '아름답고, 들뜨게 하고, 행복할 때까지'라는 뜻입니다. 여기서 더 나아가면 욕구를 충족하려는 갈증에 빠지게 됩니다. 이성이 아름답기보다는 정복해야 할 대상으로 보이게 됩니다. 하나님 앞에서 죄를 짓는 최고 지름길에 들어서게 되는 것입니다.

육의 단계에서 서로 더 친밀해지고 행복해지려면 절제와 결단 그리고 상대방에 대한 따뜻한 배려가 필요합니다. 정도를 지키기만 한다면 하나님께서 기뻐하시는 더욱 사랑스러운 커플이 될 것입니다.

첫 키스는 정말로 아름다운가

연인 사이에 스킨십의 적정선은 과연 어디까지일까요? 저는 데이트의 마지막 코스인 육의 단계에 이르러서도 자연스러운 스킨십과 가벼운 입맞춤 정도가 적당하다고 생각합니다. 그런데 성인 남녀가 만나는 건데 너무 건전하지 않느냐고 아쉬워하는 분도 있겠지요.

왜 가벼운 스킨십에서 절제해야만 하는지에 대해서 지금부터 설명하겠습니다.

영화 〈바람과 함께 사라지다〉의 스칼렛과 레트의 키스 명장면을 TV에서든 포스터에서든 많이 보셨을 것입니다. 클라크 게이블(레트)이 비비안 리(스칼렛)의 허리를 휘어감아 안고 키스하는 장면이 얼마나 아름답습니까. 영화 〈사랑과 영혼〉에서 영혼이 된 패트릭 스웨이지(샘)가 마지막으로 데미 무어(몰리)에게 키스하는 장면은 또 얼마나 절절합니까.

이렇게 아름다운 키스신은 보는 이들에게 키스에 대한 환상을 심어줍니다. 그런데 사실 현실에서는 어떻습니까? 도리어 불쾌했다거나 당황스러웠다고 말하는 사람이 많다는 것을 아십니까?

키스까지만 해도 괜찮습니다. 그런데 일단 키스에 성공한 남자는 가만있지 못합니다. 어깨나 허리를 안고 있던 손이 아래로 내려갑니다. 엉덩이를 만지고 다시 위로 올라옵니다. 여자의 가슴을 더듬던 손이 옷 속으로 들어가는 것입니다. 결국은 은밀한 곳에까지 손이 뻗칩니다. 그러면 깜짝 놀란 여자는 어쩔 줄 몰라 합니다. 당혹스럽습니다. 안 된다며 남자를 밀쳐 낼지 그냥 가만히 있을지 망설입니다. 불쾌한 기분이 들기도 합니다.

이것이 첫 키스의 현실이며 충격입니다. 남자는 이때부터 욕망의 노예가 되고 여자는 고민과 당혹감에 빠지게 되는 거죠.

스킨십을 완전히 배제할 필요는 없지만 직접적인 성관계로 발전하지 않도록 주의해야 합니다. 성적 욕구를 절제할 수 있을 정도까지만 허락해야 하는 거죠. 스킨십은 성관계로 가는 전초전이기 때문입니다. 자칫 스킨십이 아름다운 관계를 해치지 않도록 절제하십시오.

스킨십,
대체
어디까지인가

처음에는 수줍은 듯 떨리는 손으로 상대의 손을 잡습니다. 촉감이 따뜻하고 부드럽습니다. 그 다음에는 손이 어깨로 올라갑니다. 한번 올라간 손은 가만히 있지 않고 전후좌우로 쓰다듬으며 움직입니다. 그러고는 확 껴안고 볼에 뽀뽀합니다. 입술에 키스하고 점점 대담해져서 상대의 입속으로 혀가 들어갑니다. 손으로 몸을 열심히 더듬습니다. 애무(愛撫)입니다. 옷 위로 가슴을 만지고 엉덩이를 만집니다. 그 다음엔 옷 속으로 손이 들어가고 그러다가 오럴 섹스, 그리고 성관계로 이어집니다.

이것이 스킨십의 일반적인 진행 과정입니다. 굉장히 빠르고 강력합니다. 설마 하다가 성관계까지 갈 수 있을 정도로 순식간에 진행됩니다. 그러니 어디쯤에서 그만두라고 말해야 할지 난감합니다. 이것이 현실입니다.

성경에는 어디까지라고 딱 정해 놓은 구절은 없습니다. 그러나 기준은 찾아볼 수 있습니다. 영혼육의 순결을 지키면서도 사랑의 스킨십을 할 수 있는 경계선은 성욕이 발생하기 전까지입니다. CCC의 유명한 전도자인 조쉬 맥도웰(Josh McDowell)이 토드 로흐너(Todd Lochner)의 책 《대체 어디까지입니까?》를 인용해서 밝힌 기준이 제 의견과 같습니다. 한 마디로, 성욕을 일으킬 정도가 되면 너무 멀리 간 것입니다.

남자는 성욕이 일면 발기합니다. 성기의 크기가 두세 배로 커지면서 목적지향적이 됩니다. 정신을 차릴 수가 없어요. 목적을 이루기 위해서 음모를 꾸미기 시작합니다. 여자에게 사랑한다고 속삭이며 당신을 위해 평생을 바치겠다고 꼬드깁니다. 여자는 귀가 얇아서 금방 넘어가

버립니다. 여자의 피부 민감도는 남자보다 10배나 강하기 때문에 피부 접촉만으로도 남자를 받아들일 준비를 시작합니다. 성관계는 시간문제입니다.

스킨십, 대체 어디까지입니까? 성욕이 오르기 전까지, 즉 손잡고 어깨동무하고 손등이나 이마에 가볍게 뽀뽀하는 정도까지입니다. 아주 가끔 볼이나 입술에 가볍게 뽀뽀해 주는 정도는 괜찮겠지요. 성욕이 일어나기 전까지라는 기준을 잘 지키면 됩니다.

"모든 형제도 너희에게 문안하니 너희는 거룩하게 입맞춤으로 서로 문안하라"(고린도전서 16:20).

"마지막으로 말하노니 형제들아 기뻐하라 온전하게 되며 위로를 받으며 마음을 같이하며 평안할지어다 또 사랑과 평강의 하나님이 너희와 함께 계시리라 거룩하게 입맞춤으로 서로 문안하라"(고린도후서 13:11).

성경에 등장하는 뽀뽀는 거룩한 입맞춤입니다. 성욕과는 거리가 먼 아름다운 사랑의 표현입니다. 스킨십의 적정선을 지혜롭게 잘 지키시기 바랍니다. 이것이 하나님 안에서 아름다운 교제를 할 수 있는 비결입니다.

성을
올바로 이해해야
사랑을 안다

성인 남녀에게 있어서 성의 문제는 현실적인 고민입니다. 요즘은 어디를 가나 '성(Sex)'이 넘쳐납니다. 성의 상품화는 말할 것도 없고 눈길이 가는 곳마다 자극적인 성적 이미지가 깔려 있습니다. 때문에 성에 대해 무지해서는 안됩니다. 알고 대처해야 합니다.

이제부터 우리가 알아야 할 성경적인 성에 대해서 이야기해 보겠습니다.

성경에서는 성관계에 대해서 어떻게 말합니까? 오직 결혼한 관계에서만 축복이라고 밝히고 있습니다. 이것을 육체적인 하나됨(physical oneness)이라고 합니다. 결혼 후 첫날밤에 신랑과 신부는 육체적인 하나됨을 통해 한몸이 됩니다. 이것은 단순한 육체적인 결합만을 의미하는 것이 아니라 영적, 혼적, 육체적 하나됨인 전인적인 하나됨(total oneness)을 의미합니다.

"이러므로 남자가 부모를 떠나 그의 아내와 합하여 둘이 한 몸을 이룰지로다 아담과 그의 아내 두 사람이 벌거벗었으나 부끄러워하지 아니하니라"(창세기 2:24-25).

새로운 곳을 여행하더라도 지도가 있으면 걱정이 없습니다. 그러나 지레짐작으로만 찾아가면 십중팔구 헤맵니다. 성도 마찬가지입니다. 하나님께서 우리에게 허락하신 성에 대해서 잘 알고 있으면 절대 헤맬 일이 없습니다. 유혹을 이길 수 있고, 결혼 후에도 행복한 부부관계를 가질 수 있습니다. 하지만 감정이나 욕구에 따라 움직이면 깊은 상처와 아픔만 남을 뿐입니다. 아름답고 행복해야 할 성이 추하고 가슴 아픈 기억이 됩니다.

"너는 네 우물에서 물을 마시며 네 샘에서 흐르는 물을 마시라 어찌하여 네 샘물을 집 밖으로 넘치게 하며 네 도랑물을 거리로 흘러가게 하겠느냐 그 물이 네게만 있게 하고 타인과 더불어 그것을 나누지 말라 네 샘으로 복되게 하라 네가 젊어서 취한 아내를 즐거워하라 그는 사랑스러운 암사슴 같고 아름다운 암노루 같으니 너는 그의 품을 항상 족하게 여기며 그의 사랑을 항상 연모하라"(잠언 5:15-19).

이것은 성관계에 관한 구절입니다. 많은 크리스천이 "물과 샘이 뭐예요?" 하고 묻습니다. 모르는 사람이 수두룩해요. 알아야 합니다. 무지는 특권이 아니라 죄악입니다. 알아야 축복을 제대로 누릴 수 있습니다.

물과 샘물은 남자의 정액을 가리킵니다. 샘은 여자의 은밀한 부분을 말합니다. 시적으로 멋있게 표현한 것이지요. 분명하게 짚고 넘어갈 것은 남편과 아내의 성관계를 말하는 것이라는 겁니다. 데이트 중인 남녀에게 해당되는 이야기가 아니라는 뜻입니다.

옛날에는 중학생까지 소아과에서 진찰하곤 했습니다. 신체 발육이 더뎠으니까요. 요즘은 그렇지 않습니다. 여중생은 이미 여성입니다. 이른 나이에 성인의 몸을 가지게 되었는데 결혼은 오히려 점점 늦어지고 있습니다. 그만큼 성적인 유혹과 위험에 노출되는 기간이 길어졌다는 뜻이지요.

우리는 그런 시대를 살고 있습니다. 정신을 바짝 차려야 합니다. 시대를 분별하고 이겨내야 합니다.

"보라 내가 너희를 보냄이 양을 이리 가운데로 보냄과 같도다 그러므로 너희는 뱀 같이 지혜롭고 비둘기 같이 순결하라"(마태복음 10:16).

성적 유혹이 가득한 세상을 따라가지 마십시오. 뱀처럼 지혜롭고, 비둘기처럼 순결하십시오. 비둘기처럼 순결하기만 하면 세상에 잡아먹힙니다. 뱀의 지혜를 키우십시오.

교회가 성에 대해 쉬쉬해서는 안 될 것입니다. 우리는 아직도 성에 대해서는 폐쇄적이며 인색합니다. 누군가 섹스에 대해 말하는데 거룩하거나 아름답게 들린 적이 있습니까? 아마도 없을 겁니다. 대부분 창피해 하거나 이유 없이 죄책감까지 느낍니다. 그러다 보니 숨기고 넘기고 모른 척하게 되는 것입니다.

사실 겉으로는 멀쩡해 보여도 속으로는 얼마나 많은 성도들이 성적 문제로 상처를 입고 또 남모르게 죄를 저지르는지 모릅니다. 괜히 쉬쉬하다가 세상에서 잘못된 성 개념을 배우지 말고, 성경에서 말하는 성에 대해 마음을 열고 배우십시오. 먼저 그동안 세상으로부터 배운 성에 대한 모든 편견과 고정관념을 버리십시오.

성은 창피한 것도 더러운 것도 아닙니다. 성이 죄가 되기 전에, 상처가 되기 전에 성에 대해서 올바로 이해하는 노력을 하십시오. 성에 대해 성경적인 태도를 가지십시오. 그러면 하나님께서 주신 성이 얼마나 아름답고 순결한지 깨닫게 될 것입니다.

Chapter 12

화성 남자와
금성 여자의
성격 차이

이혼 사유 1위로 꼽히는 게 뭔지 아십니까? 바로 '성격 차이'입니다. 그런데 만약에 세상 모든 사람들이 성격이 똑같은 사람들끼리 결혼한다면 무엇이 이혼 사유 1위가 될까요? 아마도 '성격 동일'이 될 것입니다.

성격이란 어떤 상황에서 보이는 반응들의 특성과 느끼고 생각하는 경향을 말합니다. 성격은 엄마 뱃속에 있을 때부터 만들어진 성향과 자라면서 익히는 습성이나 특징들이 합쳐져 만들어집니다.

그러면 성격이 같은 사람이 만나야 잘 살까요, 아니면 성격이 다른 사람이 만나야 잘 살까요?

처음 데이트를 시작할 때는 성격 차이가 전혀 문제되지 않습니다. 오히려 매력적으로 보이지요. 서로에게 맞춰 가는 재미도 있습니다. 이것 때문에 '나쁜 남자' 신드롬이 나온 것인지도 모릅니다. 이성에게서 당신과 비슷한 점을 발견하면 편안함을 느끼지 않나요? 또 당신에게는 없는 면을 발견하면 어떻습니까? 흥미롭고 왠지 끌립니다.

그런데 이렇게 매력적이던 성격 '차이'가 헤어질 때는 일등공신이 된다니요? 다른 점에 매력을 느껴서 만났는데 이제는 너무 달라서 견디기가 힘듭니다.

도대체 왜 이런 일이 벌어질까요? 성격 차이를 바라보는 관점이 달라졌기 때문입니다. 데이트할 때는 서로 상대방의 성격에 맞춰 주려고 노력합니다. 그런데 장기간 연애를 하거나 결혼하게 되면 이번에는 서로 상대방이 본인 성격에 맞춰 주기를 기대하기 시작합니다. 바로 이 시점부터 상대방의 성격이 눈엣가시가 되는 것입니다. 처음에는 자기 의견을 숨김없이 잘 표현하는 게 당당하고 좋아 보이더니 이제는 막돼먹어 보입니다. 말 한 마디에도 상처 받고, 상대방이 너무 뻣뻣하고 쫀쫀해서 피곤합니다.

오래도록 행복하게 살아온 부부들을 보면 처음부터 같은 성격을 가진 사람들이 만난 게 아니라 다른 성격이지만 살아가면서 함께 사는 법을 터득한 것이라는 걸 알 수 있습니다. 만약에 말수가 적은 남녀가 만나 부부가 되면 하루 종일 적막강산에 얼마나 졸리겠습니까? 세상 누구를 만난들 성격 차이가 없을 수 있을까요? 성격 차이 때문에 헤어지면 다음에는 꼭 맞는 성격의 이성을 만날 수 있을 것 같습니까?

결국 성격 차이라는 이혼 사유는 단순히 다른 성격을 말하는 게 아니라 성격을 바라보는 관점의 차이라는 뜻이 아닐까 생각합니다.

달라도
너무 다른
아내와 나

저는 굉장히 외향적인 성격입니다. 사람 만나기를 좋아하고 손님 접대를 즐깁니다. 그에 반해서 아내는 굉장히 내성적이고 수줍음이 많습니다. 사람들과 어울려 노는 것보다는 집안에 조용히 있는 것을 좋아합니다. 저는 예고 없이 손님들을 집으로 초대해서 아내를 당황스럽게 만들기 일쑤입니다. 저는 성격이 털털해서 정리정돈을 잘 안 합니다. 그런데 아내는 모든 게 제자리에 있고 정리정돈이 되어 있어야 안정이 되는 사람이에요. 저는 코리안 타임을 즐기는 사람인데 아내는 코리안 타임의 맛을 모르는 사람입니다. 저 때문에 약속 시간에 늦게 되면 아내는 혼자 스트레스를 받고 괴로워합니다.

저는 어떤 일이 생기면 상황을 크게 보고, 큰 그림을 그릴 줄은 아는데 작은 일에는 무뎌서 아내가 보기에는 아주 무관심한 사람으로 보이기 쉽습니다. 또 저는 결단력과 추진력이 있어서 모험과 경쟁을 즐기고 전진 또 전진하는 스타일입니다. 그런데 아내는 뭐든지 망설이고 자꾸 뒤를 돌아봅니다. 제가 보기엔 얼마나 우유부단해 보이고 답답한지 모릅니다. 반대로 아내는 제가 앞만 보고 나아가기 때문에 뒤처리 하느라 무척 힘들어합니다.

저는 방바닥에 등만 대면 잠드는데 아내는 아주 예민합니다. 저는 액션 영화를 좋아하는데 아내는 그런 걸 왜 보냐며 시간 낭비라고 생각합니다. 저는 여행지를 정하면 일단 떠나고 보는데, 아내는 사전에 준비를 철저히 해서 떠나기를 원합니다. 차이의 결정판은 바로 아이들의 교육 문제였습니다. 그동안 저는 저만큼 가정적인 가장이 없다고 여길 만큼 가정에 헌신적이었습니다. 그래서 TV 드라마에서나 보는 문제 아빠는 되지 않을 거라 생각했습니다.

그런데 웬일입니까. 드라마가 현실이 되었습니다. 딸이 두 눈을 부릅뜨고 대들더니 급기야 제가 거실로 나가면 아이들은 쪼르르 자기 방으로 흩어지고, 제가 아이 방으로 따라 들어가기라도 하면 저를 피해 슬그머니 거실로 나가면서 저를 왕따시키는 것이었습니다.

저는 아이들을 다음 시대를 이끌어 갈 지도자로 키우고 싶었습니다. 그래서 좀 엄하게 키웠어요. 어릴 때는 곧잘 따르던 아이들이 사춘기에 접어들자 용수철처럼 튀어나가기 시작했습니다. 제 환상이 깨진 거죠.

저의 변화는 그때부터 시작되었습니다. 딸과 전쟁을 치르면서 제가 할 수 있는 일은 오직 기도밖에 없었습니다. 기도하면서 말씀 묵상을 했습니다.

"하나님, 우리 딸을 변화시켜 주세요. 그 천진한 아이에게 사탄이 들어간 것 같습니다."

계속 같은 기도를 드렸습니다. 딸은 제가 원하는 모습으로 변하지 않았습니다. 더 심해져 갔죠. 그런데 6개월쯤 지나자 드디어 하나님의 응답이 왔습니다.

"변해야 할 사람은 네 딸이 아니라 바로 너다!"

저만큼 헌신적인 가장이 없다고 자부하다가 아내와 아이들이 저를 무서워하며 피하는 것을 보니 처음에는 혼란스러웠습니다. "나같이 훌륭한 사람이 없는데…." 가족이 알아주지 않는다고 생각했습니다.

그런데 말씀 묵상을 통해 하나님의 음성을 들으면서 깨닫기 시작했습니다. 눈을 뜨기 시작한 것입니다. 그동안 저는 헌신적인 가장이 아니라 독불장군이었던 것입니다. 제 방식대로만 고집했고, 그럼으로써 가족은 사랑 대신에 두려움을 느낀 것이었습니다.

"내가 문제였구나. 내가 무식했어."

저는 제가 다 안다고 생각했는데 아니었습니다. 성경과 다양한 책을 읽고 이런 저런 세미나에 참석하면서 많은 것을 배웠습니다. 그러면서 차츰 변화되었습니다.

제 이야기를 털어놓는 이유는, 성격 차이가 어떤 때에 문제가 되는

지를 알려 주고 싶어서입니다. 성격이 다른 것이 문제가 아니라 다른 성격을 어떻게 바라보느냐가 문제라는 것입니다. 자기 성격만을 고집하고 밀고 나간다면, 상대방이 자기에게 맞춰 줘야 한다고 생각한다면 성격 차이는 극복할 수 없는 벽이 되어 버립니다.

문제는 상대방에게 있는 것이 아니라 상대방을 바라보는 나 자신한테 있는 것입니다. 이것을 깨닫기 바랍니다.

갈등을 축복으로 바꾸는 다섯 가지 방법

성격 차이에서 오는 갈등을 축복으로 바꾸는 방법이 있습니다.

첫 번째로 상대방에 대해서 깊이 연구하고 인정하십시오. 이해하려면 많이 알아야 합니다. 그리고 이해하고 난 다음에는 그대로 받아들여야 합니다.

저도 아내에 대해 연구하기 시작했습니다. 왜 나와 다른 성격을 가지게 되었는지, 그냥 대충 아는 정도가 아니라 아주 꼼꼼하게 연구했습니다. 그리고 이야기를 많이 나눴습니다. 그렇게 연구하고 나니 아내의 행동이 98% 정도 이해되더군요. 그동안 단점이라고 생각했던 것이 장점으로 보이기 시작했습니다. 사실 처음부터 단점이란 없었습니다. 저와 다른 점이었지요. 아무튼 순식간에 장점을 50가지 이상을 쓸

수 있게 되었습니다. '예쁘고 깔끔하고 섬세하고 신앙 좋고 이해심 있고….'

당신도 상대방의 장점 50가지를 적어 보십시오. 한꺼번에 쓰기 힘들면 분야별로 나눠서 써 보세요. '직장인으로서, 청년부 지체로서, 남자로서, 여자로서, 아들로서, 딸로서, 남자친구로서, 여자친구로서 등등.'

그리고 장점을 칭찬해 주십시오. 성경은 서로 격려하고 칭찬하고 높여 주고 세워 주고 존중해 주라고 말합니다. 처음에는 칭찬하기가 좀 어렵습니다. 손발이 오글거리는 것 같지만 일단 시도해 보십시오. 눈에 거슬렸던 부분들이 매우 멋지게 보이기 시작할 것입니다. 여러 사람이 모인 자리에서 상대방을 칭찬해 주세요.

어떤 커플은 사람들 앞에서 자기 짝의 단점을 들추면서 훈계하는데, 그러지 마십시오. 교정 보는 자리가 아니지 않습니까? 훈계로 고쳐 보겠다는 마음이겠지만 그렇게 해서 원하는 결과를 얻을 수는 없습니다. 절대로! 오히려 헤어지는 지름길입니다.

어떤 성격 차이로 힘든지, 서로 어디가 어떻게 다른지 연구하시기 바랍니다. 그러면 다시금 상대방에게서 매력을 찾게 될 것입니다. 그리고 칭찬해 주세요. 볼 때마다 사랑하는 마음이 자꾸 생겨날 것입니다.

두 번째로 말씀 묵상으로 행동을 바꾸십시오. 상대방을 이해하는 데서 끝나면 아무 변화도 일어나지 않습니다. 행동이 바뀌어야 합니다. 행동의 변화는 그냥 일어나지 않습니다. 말씀을 묵상해 보십시오. 말

쓱 묵상으로 자신의 생각을 버리고 예수님의 지혜를 담으십시오. "예수님이라면 어떻게 하실까?" 생각하세요. 예수님과 동행하는 삶을 사는 것입니다.

말씀을 묵상하면 말씀이 당신을 지배하고 예수님이 당신의 주인이 되어 주십니다. "나라면 한바탕했을 거야. 하지만 예수님이 그대로 인정하고 받아들이라고 하시니 순종하겠어." 이렇게 될 것입니다.

행동이 바뀌면 이제부터 서로 돕는 사람이 될 수 있습니다. 저의 고질적인 코리안 타임이 아내 덕분에 고쳐졌습니다. 제가 세월아 네월아 하고 있으면 아내가 칫솔에 치약을 발라서 가져다줍니다. 양치하고 나오면 어느새 옷을 들고 있어요. 넥타이를 챙기고 양말도 신겨 줍니다.

아내가 잔소리하지 않고 섬겨 주다 보니 언제부터인가 제 습관이 달라지기 시작했습니다. 그리고 어느 순간부터 제가 약속 시간보다 10분 정도 일찍 나가 있더군요. 그때 깨달았습니다. '아, 아내가 내 습관을 고쳐 주었구나.' 저도 모르는 사이에 새로운 시간 개념이 몸에 밴 것입니다. 아내의 장점이 제 것이 된 거죠.

말씀을 묵상하면 행동이 변합니다. 그러면 상대방의 장점이 당신의 장점이 됩니다. 반대로 당신의 장점이 상대방의 장점이 되는 것입니다. 데이트가 즐거워지지 않겠습니까? 매일 30분씩 늦게 나오던 여자 친구가 먼저 나와서 기다려 주고, 어느 날 남자 친구가 꽃을 사들고 빙그레 웃으며 기다려 준다면 얼마나 즐겁겠습니까. 액션 영화만 보던 남자친구가 당신이 좋아하는 콘서트의 티켓을 끊어 올지도 모릅니다.

세 번째로 대화를 많이 나누십시오. 처음에는 대화를 많이 나누던 커플도 오래 만나다 보면 대화가 없어지고 걸핏하면 싸웁니다. 느는 것은 스킨십밖에 없습니다. 상대방의 이야기는 듣지 않고 생각은 완전히 딴 데 가 있습니다. 위험한 스킨십을 방지하기 위해서라도 대화를 많이 해야 합니다.

대화는 말을 많이 한다고 해서 잘하는 것이 아닙니다. 상대방의 말을 끝까지 경청하는 것입니다. 그런 의미에서 편지를 쓰는 것도 좋은 대화법 중의 하나입니다.

남녀 간에 대화법이 다르다는 것에 각별히 주의하세요. 남자에게는 결론과 요점이 중요하고 여자에게는 과정이 중요합니다. 그래서 여자가 이야기할 때는 장황하게 설명합니다. 그러면 남자는 끝까지 듣지 못하고 자꾸 "그래서 결론이 뭔데?" 하고 묻습니다. 여자는 남자가 자기 이야기를 듣기 싫어한다고 생각하고 입을 닫아 버립니다. 남자는 정말 결과가 궁금해서 물어본 것인데 말입니다.

여자는 남자에게 가능하면 먼저 결론과 요점을 짧게 말해 주고 나서 반응을 보고 과정을 이야기해 주는 것이 좋습니다. 남자는 이야기의 결론이 궁금해도 인내심을 갖고 경청해 보십시오. 기다려 주세요. 적절한 타이밍에 맞장구도 쳐 주면서요. 그러면 여자가 좋아합니다. 이해받고 있다고 느끼기 때문입니다.

여자에게는 공감이 중요하고 남자에게는 문제해결이 중요합니다. 여자는 어떤 이야기를 할 때 자기의 감정과 느낌에 대한 공감을 얻고 싶어 합니다. 그런데 남자들은 공감보다는 문제를 해결해 주려고 하지요. 예를 들면, 아내가 남편에게 "애들 때문에 하루 종일 고생했더니 머리가 아파 죽겠어" 하고 하소연하니까 남편은 바로 "서랍장에 타이레놀 있어. 먹고 일찍 자"라고 대답합니다. 즉각 해결책을 제시해 준 것입니다. 그러나 헛다리를 짚었습니다. 아내가 원했던 것은 타이레놀이 아니라 "그래, 당신이 많이 힘들었겠어. 수고했어. 여보, 많이 힘들지? 저녁 설거지는 내가 해 줄게"라는 공감이었으니까요.

남자는 여자의 말을 문자 그대로 받아들일 게 아니라 그 말 속에 담긴 뜻을 알아야 합니다. 여자는 남자들처럼 직설적으로 말하는 것보다는 돌려서 은유적으로 표현하기 때문입니다. 여자가 "오늘 달이 참 밝지?" 하고 말하는데 "보름달이잖아. 어휴, 벌써 날짜가 이렇게 됐어?"라고 대답하면 대화 끝입니다. 사실은 "어, 당신 얼굴처럼 밝고 예쁘네"라고 맞장구쳐 줘야 하는 것입니다. 그러니 대화법을 배우십시오.

네 번째로 상대방에게 변화를 요구하지 마십시오. 칭찬이든 지적질이든 상대를 변화시키려는 시도는 결국 실패하고 맙니다. 정답은 당신이 먼저 변화하는 것입니다. 그럴 때 상대방이 변하고 주변이 변합니다. 그런데 변화가 어디 쉽습니까? 오직 말씀 안에서만 가능한 일입니다. 말씀을 묵상하십시오. 당신 안에 예수님이 주인이 되시면 변화가 시작됩니다.

다섯 번째로 서로 조금씩 나오고 들어가며 중간 지점에서 만나십시오. 저와 아내는 이제 요철(凹凸)처럼 많은 부분에서 서로 이가 맞습니다. 중간 지점을 찾은 거죠. 저는 예전에 비해서 청소를 훨씬 잘하게 되었습니다. 대신에 아내는 많이 느슨해졌어요. 코리안 타임의 대표 주자였던 제가 시간관념이 좋아진 반면에 아내는 조금 느슨해졌습니다. 둘이 적당히 중간에서 만난 것입니다.

제게 없는 것이 아내에게 있고 아내에게 없는 것이 제게 있으니 서로 채워 줍니다. 털털함이 지나쳐서 대충 하고 다니던 제가 아내 덕분에 멋있어지지 않았습니까? 저와 똑같은 사람과 살았다면 아마 우리 집은 돼지우리가 되어 있을 것입니다.

대화를 통해서 갈등을 해결하고 예수님 안에서 중간 지점을 찾으세요. 서로 다르지만 한 가지 공통점 때문에 문제를 해결할 수 있습니다. 바로 예수 그리스도라는 공통의 주인이 계십니다. 처음부터 딱 맞는 성격은 없습니다. 서로 맞추고 하나로 만들어 가는 거죠.

성격 차이에서 오는 갈등을 축복으로 바꾸십시오. 어느덧 아름다운 하모니로 변해 있을 것입니다. 서로 다름에 감사하십시오. 성격 차이는 축복입니다. 원래 10을 가졌던 두 사람이 만나 서로에게 없는 것을 채워 주고 있는 것을 나누다 보면 100의 능력을 발휘하게 됩니다. 함께 성장하는 것입니다.

Chapter 13

설계도대로만 살면
행복하다

가정
전문가가
되어라

가정은 인간이 경험하는 최초의 공동체이며 사회를 이루는 가장 기본 조직입니다. 가정 공동체가 무너지면 모든 시스템이 무너집니다. 그만큼 가정은 중요합니다. 남녀가 만나 하나의 가정을 이루려면 가정 전문가가 되어야 합니다.

최고의 요리사가 되기 위해 몇 년씩 주방에서 설거지만 했다는 사람의 이야기를 들은 적이 있을 것입니다. 미장일을 배우는 데도 상당한 시간과 공이 든다고 합니다. 그런데 가정 세우는 일은 너무 쉽게 생각하는 경향이 있습니다. 굳이 공부하지 않아도 저절로 되는 것인 줄 압니다. 어떻게 보면 교만입니다. 세상에 무엇도 거저 되는 것이 없고 저절로 이루어지는 게 없는데 하나님의 가정이 아무 준비나 대가 없이 세워지나요? 그렇게 쉽게 세우기 때문에 가정에서 상처를 주고받고 급기야 가정을 중환자실로 만드는 것이 아니겠습니까?

가정은 하나님의 것입니다. 하나님의 축복의 통로요, 지상에서 천국을 경험하는 아름다운 곳입니다. 다음 세대를 이끌 지도자가 자라는 곳이기에 더욱 귀합니다. 그러니 가정에 대해서 공부할 가치가 있습니다. 가정 전문가가 되십시오.

가정은 크게 전통적인 가정, 현대적인 가정, 성경적인 가정, 이렇게 세 가지로 나눌 수 있습니다. 먼저 전통적인 가정은 아버지를 중심으로 한 가부장적인 가정입니다. 아버지의 말씀에 권위가 있고 가정의 법이 됩니다. 한국의 전통적인 가정의 모습입니다. 그러나 여자들이 많은 고난을 겪으며 살아야 했습니다. 여성의 희생이 필요한 구조였기 때문입니다.

둘째, 현대적인 가정은 권위와 중심이 사라진 가정입니다. 가족 구성원들이 각각 흩어져서 서로에게 간섭하지 않습니다. 특히 전통적인 가정에 비하면 아버지의 권위는 땅에 떨어졌다고 할 수 있습니다. 현대적인 가정에서 자녀교육에 필요한 세 가지 조건이 있다고 합니다. 첫째 할아버지가 부자일 것, 둘째 엄마가 정보통일 것, 셋째 아버지는 침묵을 지킬 것입니다. 씁쓸한 유머입니다.

셋째, 성경적인 가정은 그야말로 가장 이상적인 최고의 가정입니다. 하나님이 가정의 주인이십니다. 그래서 권위가 바로 설 수 있습니다. 가족 모두가 하나님 앞에서 하나되는 가정입니다. 하나님을 찬양하며 매일 예배드림으로써 성경대로 사는 가정입니다.

하나님이 설계하신 가정의 참모습

하나님이 인간을 창조하시고 제일 먼저 만드신 것이 가정입니다. 가정은 하나님의 설계에 의해 탄생되었습니다. 인간의 필요에 의해 만들어진 것이 아닙니다. 하나님이 남자와 여자를 만드시고 둘이 한 몸이 되어 가정을 이루고 생육하고 번성해서 땅에 충만하라고 하셨는데, 이것이 바로 창조의 질서이자 하나님이 설계하신 가정의 참모습입니다.

그런데 사탄은 끊임없이 창조의 질서를 무너뜨리려고 공격합니다. 치열한 영적 전쟁이 가정에서 벌어지고 있는 것입니다. 하나님께서 짝지어 주신 남녀를 찢어 놓기도 하고 이 사람 저 사람과 짝짓도록 흐트러뜨립니다. 남자와 남자가, 여자와 여자가 사랑이라는 미명 아래 서로를 탐하도록 어지럽히고 있습니다.

하나님의 가정은 창조의 질서대로, 최초의 설계도대로 세워져야 합니다. 아무리 비싼 자동차도 휘발유 대신에 물을 넣으면 망가집니다.

아무리 좋은 남자, 좋은 여자를 만났더라도 하나님의 설계도대로 살지 않으면 가정이 망가집니다. 하나님의 설계도를 따를 때 가정은 기적이 되고 놀라운 축복이 됩니다. 그러면 하나님이 설계하신 가정의 참모습을 지키기 위해서는 어떻게 해야 할까요?

하나님이 남자를 가정의 리더십으로 세우셨다

태초에 하나님께서 남자와 여자를 창조하실 때 둘을 동시에 만들지 않으셨습니다. 흙을 빚어 남자를 먼저 만드셨습니다. 하나님께서는 만물을 창조하실 때마다 "보기에 좋다, 좋다" 하셨는데 남자가 혼자 사는 것만큼은 "좋지 않다"고 하셨습니다(창 2:18). 그래서 남자를 위해 여자를 창조하셨습니다. 여자는 남자의 돕는 배필입니다(창 2:20). 남자는 여자의 머리입니다(엡 5:23). 하나님은 가정의 리더십으로 남자를 세우셨습니다.

'돕는 배필', '머리'라는 말을 오해하지 마십시오. 사람의 편견과 고정관념으로 성경을 해석하면 오해하기 쉽습니다. 이 말의 뜻은 차별이 아니라 구별입니다. 그런데 우리는 무조건 차별로만 봅니다.

"너희는 유대인이나 헬라인이나 종이나 자유인이나 남자나 여자나

다 그리스도 예수 안에서 하나이니라"(갈라디아서 3:28).

그렇습니다. 그리스도 예수 안에서는 남자나 여자나 하나입니다. 동등한 것입니다. 유교나 불교, 힌두교나 이슬람교는 여자를 남자보다 열등하다고 봅니다. 하지만 하나님은 남자와 여자를 동등하게 만드셨습니다. '돕는 배필'과 '머리' 때문에 여자를 무시하는 것처럼 느낀다면 그것은 세상에서 얻은 고정관념 때문입니다. 말씀을 묵상할 때에는 세상의 선입견이나 편견을 내려놓고 성경 그대로를 보십시오. 말씀으로 말씀을 해석하십시오. 그렇지 않고 자꾸 색안경을 쓰고 보면 하나님을 오해할 수밖에 없습니다.

우리는 전통적으로 '남존여비 사상'을 가졌던 민족입니다. "암탉이 울면 집안이 망한다"는 속담도 있지 않습니까? 그러나 새빨간 거짓말입니다. 암탉이 울면 달걀을 낳거든요. 달걀을 많이 낳으려면 자꾸 울어야 하지 않나요?

고정관념은 고집스러워서 진리가 와도 받아들이지 않습니다. 말씀을 제대로 묵상하려면 고정관념을 버리십시오.

여자는
하나님이 보내신
큰 '도움'이다

왜 하나님은 "사람(남자)이 혼자 사는 것이 좋지 않다"고 하셨을까요?

'혼자 산다'는 것은 말 그대로 혼자 지내는 걸 말하기도 하지만 더 깊이 들어가면 진리 안에서 하나님과 단독자로 만나 교제하는 것을 뜻합니다. 히브리 원문을 보면 '좋지 않다'는 '나쁘다'는 뜻이 아니라 '완전하지 못하다, 충분하지 못하다'라는 뜻인데, 남자가 하나님과 단독자로서 교제하기에는 충분하지 못하다는 말입니다. 그래서 완전하지 못한 남자가 하나님 앞에 바로 설 수 있도록 돕는 배필이 필요한 것입니다.

'돕는 배필'은 히브리어로 '돕는 자'라는 뜻의 '에젤'입니다. 에젤이 쓰인 성경 구절을 찾아보겠습니다.

"내가 산을 향하여 눈을 들리라 나의 '도움'이 어디서 올까 나의 '도움'은 천지를 지으신 여호와에게서로다"(시편 121:1-2).

"사무엘이 돌을 취하여 미스바와 센 사이에 세워 이르되 여호와께서 여기까지 우리를 '도우셨다' 하고 그 이름을 에벤에셀이라 하니라"(사무엘상 7:12).

이렇게 에젤은 조수나 하인이 옆에서 거드는 것을 말하는 게 아니라 크게 '돕는 것'을 나타냅니다. 그런 의미에서 우리의 '에젤'은 하나님 이십니다.

하나님께서는 남자를 먼저 창조하시고 그를 돕는 일을 여자에게 위임하셨습니다. 그래서 여자가 남자의 '에젤'이 된 것입니다. 즉 여자는 하나님으로부터 남자에게 큰 도움을 주도록 위임 받은 존재입니다.

따라서 여자를 '돕는 배필'이라고 부르는 것은 오히려 축복의 말입니다. 아무 실력도 없는 사람이 남을 도울 수는 없습니다. 실력 있는 사람이 실력 없는 사람을 돕지 않습니까? 보다 큰 자가 작은 자를 돕는 것입니다. 그러니 남자들도 이 말을 잘 새겨야 합니다. 여자는 남자를 위한 조수나 하인이 아니라 불완전한 존재인 남자가 하나님과 교제할 수 있도록 돕는 큰 '도움'이라는 사실을 기억하십시오.

왜
하필
갈비뼈인가

구별과 차별은 다릅니다. 중요한 개념입니다. 성경에서는 남자와 여자가 구별되지만 차별되지는 않습니다. 동등한 인격으로서 서로 존중하고 배려해야 합니다. 남자가 여자를, 혹은 여자가 남자를 누르고 다스린다는 개념은 사탄이 주는 생각입니다. 남자와 여자는 서로 돕는 자입니다. 그래서 한 사람이 성장하면 다른 사람도 함께 성장합니다.

하나님께서는 여자를 만들기 위해서 남자를 깊이 잠재우시고 일부러 갈비뼈를 뽑으셨습니다. 그런데 왜 하필 갈비뼈입니까? 하나님의 정확한 설계가 있었기 때문입니다.

머리뼈를 취하지 않은 이유는 아내가 남편의 머리 위로 올라가지 말라는 뜻이고, 발뼈를 취하지 않은 이유는 남편이 아내를 짓밟지 말라는 뜻입니다. 왜 가슴뼈를 뽑지 않으셨을까요? 아내가 남편보다 앞서지 말라는 뜻입니다. 왜 등뼈를 뽑지 않으셨을까요? 남편보다 뒤처지지 말라는 뜻입니다.

갈비뼈를 뽑은 이유를 짐작하시겠습니까? 남자와 여자가 나란히 서서 동반자로서 동역하고 사랑하라는 뜻입니다. 인생길을 동행하라는 것입니다. 이것이 바로 성경적인 남과 여의 관계입니다.

남자는
가정을
하나로 묶는 존재다

그런데 갈비뼈는 뼈 중에서도 연약한 뼈입니다. 잘 부러집니다. 여자도 마찬가지로 연약합니다. 성경에 이와 관련된 구절이 있습니다.

"남편들아 이와 같이 지식을 따라 너희 아내와 동거하고 그를 더 연약한 그릇이요 또 생명의 은혜를 함께 이어받을 자로 알아 귀히 여기라 이는 너희 기도가 막히지 아니하게 하려 함이라"(베드로전서 3:7).

여기서 '동거'는 성관계를 의미합니다. 그런데 지식을 따라서 동거하라고 합니다. 부부의 성생활에도 실력과 능력과 지식이 필요하다는 뜻입니다. 남자와 여자는 신체 구조가 서로 다를 뿐 아니라 생각도 다릅니다. 특히 성적인 부분은 매우 다릅니다. 남자와 여자의 차이를 알고 결혼해야 첫날밤부터 축복의 밤을 보낼 수 있습니다.

아내를 '더 연약한 그릇'이라고 했습니다. 연약한 갈비뼈로 만들어서 그렇습니다. 갈비뼈는 우리 몸에서 유일하게 전용 보초병을 갖고 있는데 바로 팔입니다. 위험이 닥치면 팔이 앞을 가로막아 갈비뼈를 보호하잖아요. 갈비뼈는 심장을 감싸고 있습니다. 그래서 특별히 보호하고 사랑받아야 합니다. 아내는 남편의 사랑과 보호를 받으면 행복해합니다. 이것이 바로 하나님의 설계도입니다.

남자는 사춘기가 되면 어깨가 넓어지고 근육이 생깁니다. 왜냐면 남자가 품어야 할 것이 많기 때문입니다. 남편의 영어인 'Husband'의 어원은 'House band'입니다. 즉 '가정을 하나로 묶는 존재'라는 뜻입니다. 남자에게는 보호해야 할 대상이 있습니다. 완전하지 않은 남자를 돕기 위해 보내심을 받은 연약한 여자를 보호하고 사랑해야 합니다.

아담이 하와를 처음 봤을 때 "이는 내 뼈 중의 뼈요 살 중의 살이라"

(창 2:23)고 고백하지 않았습니까? 남자가 여자에게 한 첫 마디는 축복의 언어였습니다.

지금도 그 축복의 언어가 남자의 입에서 나와야 합니다. 남자와 여자는 진정으로 연합하면 한 몸을 이루고 벗어도 부끄러워하지 않습니다. 아담과 하와가 에덴동산에서 영위한 행복한 부부 생활을 당신도 가정에서 꼭 이루시기를 바랍니다.

조화시킬 수 있는 실력을 길러라

이혼하는 두 쌍 중 한 쌍이 성격 차이 때문에 이혼한다고 합니다. 그런데 앞서 설명한 것처럼 성격 차이는 하나님이 주신 축복입니다. 설계도에 의해 그렇게 만드신 것입니다. 성격 차이는 하나님의 설계도 안에 있으면 축복이지만 설계도를 벗어나면 갈등이 됩니다.

성격 차이는 갈등이 아니라 매력입니다. 플러스와 마이너스가 서로 잡아당기는 것처럼 '차이'는 서로를 당기는 힘입니다. 나와 다르면 재미있습니다. 그러나 다른 것이 매력이 되려면 조화시킬 줄도 알아야 합니다. 그게 실력입니다. 피아노의 현을 보면 한 줄도 같은 것이 없습니다. 다 다릅니다. 피아노를 칠 줄 모르는 사람이 치면 듣기에 괴롭습니다. 하지만 정말 잘 치는 사람이 치면 얼마나 아름다운 소리가 나옵니까? 피아니스트는 다양한 현을 조화시킬 수 있는 실력을 가지고 있는 것입니다. 피아노를 바꿀 게 아니라 피아노를 치는 실력을 키워야 됩니다.

가정도 마찬가지입니다. 성격 차이가 이혼의 이유가 되는 것은 관점의 차이라고 했습니다. 점점 나에게 맞추려고 하면서부터 문제가 발생한다고 했지요. 상대방을 바꾸려고 할 게 아니라 서로를 조화롭게 맞추도록 노력해야 합니다. 조화의 능력을 길러야 한다는 것입니다.

남자와 여자의 차이에 대한 우스갯소리가 얼마나 많은지 모릅니다. 남자는 꼭 필요한 물건 1,000원짜리를 2,000원에 사 오고, 여자는 전혀 필요 없는 물건 2,000원짜리를 1,000원에 사온다고 합니다. 남자는 아무 걱정 없이 살다가 결혼하고 나서 미래를 걱정하고, 여자는 결혼할 때까지만 미래를 걱정한다고 하죠. 여자는 남자가 결혼하고 나서 달라지기를 기대하지만 남자는 달라지지 않고, 남자는 여자가 결혼하고 나서도 변하지 않기를 바라지만 여자는 변한다고 합니다. 남자의 성공은 아내가 쓰는 돈보다 더 버는 것이고, 여자의 성공은 그런 남자를 만나는 것이라는 말도 있습니다.

남자와 여자가 이렇게 다릅니다. 그렇다고 모두 헤어져야 하나요? 아닙니다. 물건을 살 때는 둘이 같이 가서 꼭 필요한 물건 2,000원짜리를 1,000원에 사 오세요. 결혼한 후에도 남편과 아내가 둘이서 함께 미래를 준비하세요. 서로가 원하는 모습이 되도록 노력하세요.

남편과 아내가 서로 부족한 것을 채워 주는 존재가 되면 됩니다. 조화시킬 수 있는 실력을 갖추세요. 서로 다른 점을 조화시켜 나갈 줄 안다면 성격 차이는 이별의 이유가 아니라 행복한 가정의 조건이 될 것입니다.

성경적인 가정은
가장 이상적인 최고의 가정입니다.
하나님이 가정의 주인이십니다.
가족 모두가 하나님 앞에서
하나되는 가정입니다.
하나님을 찬양하며 성경대로 사는
멋진 가정을 이루십시오.

PART 5

Case by Case Talk

나는 39세 그는 33세,
어쩌면 좋아요

Q 청년 공동체 안에 마음에 드는 형제가 있습니다. 저는 올해 39세고 그 청년은 33세입니다. 저는 배려심도 있고 평안한 성품을 지녔지만 자신감이 부족하고 마음의 여유가 부족한 편입니다. 집안 문제도 좀 있고요. 직업이 간호사라 교대 근무 때문에 공동체에 꾸준히 참석하지 못합니다. 게다가 이번에 서로 다른 소그룹으로 배정되어 만날 기회가 훨씬 적어졌어요. 지금은 간간이 문자만 주고받을 뿐 관계에 별다른 진전이 없는 상태입니다. 어떻게 하면 좋을까요?

A 지금처럼 그냥 시간만 보내시면 안 됩니다. 적극적으로 나서세요. 여자라서 안 된다는 생각은 버리세요. 39세면 좀 더 적극적으로 다가가셔도 됩니다. 형제를 만나 보세요. "당신을 위해서 기도하겠다. 나는 당신이 앞으로 하나님께 귀한 그릇으로 쓰임 받을 것을 믿는다"고 격려하세요. 그리고 본문 Part 3의 내용을 참고해서 다양한 방법으로 전략을 세우세요. 그냥 기도만 한다고 일이 저절로 이루어지지 않습니다. 당신이 평강 공주가 되어 그 청년을 온달 장군으로 키우세요. 결혼을 정복할 수 있을 것입니다.

마음의 상처가
다 회복된 다음에 만나야 하나요

Q 마음에 아픔과 슬픔이 많은 사람입니다. 마음의 상처가 다 회복된 다음에 이
　성을 만나야 할까요?

A 회복되기까지 기다릴 필요가 없습니다. 만나면서 회복하세요. '완
　전해진 다음에' 만나겠다고 하면 언제 완전해질 건가요? 또 완전해
　지지도 않습니다. 완전에 가깝게 다가가는 과정만 있는 거예요. 그
　러니까 변화되면서 만남을 가지세요. 혼자서는 회복하기가 힘듭니
　다. 필요하다면 도움을 받으세요. 최일도 목사님이 하시는 〈아름다
　운 세상 찾기〉나 주서택 목사님이 하시는 〈성경적 내적치유 세미
　나〉를 추천합니다. 또 정태기 목사님, 송길원 목사님이 하시는 치유
　세미나도 있습니다. 어느 곳에 가서든 자신의 문제를 확인하고 치
　유의 노력을 하면서 사람을 만나세요. 전문가의 진단을 받고 도움
　을 받으면 훨씬 좋아질 수 있습니다.

과거의 미련 때문에
앞으로 나아갈 수가 없어요

Q 저는 2년 전에 결혼까지 생각했던 사람과 원하지 않는 이별을 했습니다. 그런
　데 아직까지도 그 사람이 저의 가장 완벽한 짝인 것만 같습니다. 후회가 됩니

다. 누구를 만나도 마음이 열리지 않고, 오히려 그 사람을 잊지 못한 상태에서 새로운 사람을 만나기가 미안하고 죄스럽기까지 합니다. 다른 사람을 사랑할 수 있을까요? 결혼할 수 있을까요? 과거를 다 잊고 주님이 기뻐하시는 아름다운 가정을 이룰 수 있을까요?

A 이런 사연을 가지신 분들이 꽤 많습니다. 특히 자매들이 많아요. 2년 전이잖아요. 어쩌면 그 남자는 이미 다른 여자하고 결혼했을지도 모르고, 또 아직 혼자라고 해도 이미 당신을 잊었을지도 모릅니다. 자매님, 마음은 아프겠지만 과거를 끊으세요. 혼자서 끙끙 앓고 후회해 봤자 도움이 안 됩니다.

하나님께서는 한쪽 문을 닫으면 반드시 다른 쪽 문을 열어 주십니다. 하나님은 좋으신 분입니다. 저도 자매님과 같은 경험이 있습니다. 그런데 하나님께서 새로운 문을 열어 주셨어요. 그래서 아내를 만난 거예요. 하나님께서는 더 좋은 사람을 위해 덜 좋은 사람을 포기하게 하십니다.

담대하게 과거를 끊으세요. 지금 새로운 남자가 기다리고 있어요. 제 말을 믿으시기 바랍니다. 이미 2년 전에 끝난 사람 때문에 죄스러울 필요 없어요. 미련은 아무 의미도 없습니다. 과거는 잊으세요.

"형제들아 나는 아직 내가 잡은 줄로 여기지 아니하고 오직 한

일 즉 뒤에 있는 것은 잊어버리고 앞에 있는 것을 잡으려고 푯대를 향하여 그리스도 예수 안에서 하나님이 위에서 부르신 부름의 상을 위하여 달려가노라"(빌립보서 3:13-14).

사도 바울처럼 푯대만 바라보고 나아가십시오. 그렇게 해도 괜찮습니다.

이혼의 상처 때문에
두려워요

Q 예수 믿기 전에 잘못된 선택으로 결혼식을 올리고 바로 헤어진 경험이 있습니다. 예수님을 만나고 신앙이 자랄수록 그 당시 문제가 상대방에게만 있지 않고 제 자신에게도 있었다는 것을 깨닫게 됩니다. 그래서 결혼에 대해서 두려움이 더욱 커지는데요. 이 부분에 대해서 완전히 치유받고 싶은데 어떻게 하면 좋을지, 얼마만큼 효과가 나타날지 알고 싶습니다.

A 내적 치유를 받으셔야 합니다. 먼저 자신을 용서하고 스스로 치유를 받으세요. "그때 내가 잘못했어" 하고 자신을 용서하지 않으면 다른 사람도 용서할 수 없습니다. 하나님은 이미 당신을 용서하셨습니다. 하나님이 용서하셨는데도 "하나님, 하나님이 틀리셨어요. 저는 용서받을 수 없단 말이에요." 이렇게 말한다면 교만입니다.

하나님이 용서하셨다면 당신도 자신을 용서하셔야 됩니다. 그리고 지난 일은 잊고 당당하게 다시 시작하십시오.

재혼해서 잘 사는 사람들은 많습니다. 제 딸도 이혼했다가 재혼했어요. 변호사로, 잡지사 편집장으로 일하면서 하늘 비전을 품고 살았는데도 이혼했습니다. 예수 안 믿는 사람하고 결혼해서 그런가, 우리 부부가 그렇게 반대했는데도 기어코 결혼하겠다고 해서 할 수 없이 허락했더니 어느 날 전화가 왔더라고요.

"아빠, 남편이 이혼하재요. 아빠, 저 죽고 싶어요."

6년 살더니 결국 이혼했어요. 남자가 집을 뛰쳐나가서 다른 여자와 살기 시작했답니다. 딸은 우울증에 걸렸어요. 제 마음이 얼마나 아팠는지 모릅니다. 이미 다 예견했지만 허락했잖아요. 하나님도 그러십니다. 하나님도 허락은 하시지만 기뻐서가 아니라 너무 졸라 대니까 할 수 없이 들어주시는 거예요.

그때 "내가 너 이럴 줄 알았다" 이런 얘기 하지 않았습니다. 바로 달려가서 딸을 안아 줬어요.

"너에게 무슨 일이 일어나도, 온 세상이 다 너를 버려도 아빠는 항상 네 편이다. 너는 나한테 하나밖에 없는 귀여운 딸이야."

딸이 한참 울더라고요. 그러더니 "아빠, 자살하면 지옥 가?" 하고 물어요. 죽고 싶은 거예요. 그 아픔이 얼마나 큰지 저한테도 전해졌어요. 딸아이를 껴안고 함께 울었습니다.

"그게 무슨 소리야. 하나님은 너를 사랑하셔. 온 세상이 다 너를 버리고, 온 세상이 너를 비난하고, 온 세상이 다 너를 욕해도 하나님은 항상 네 편이고, 아빠도 너를 끝까지 사랑할 거야."

식구들이 모두 딸을 감싸 안았어요. 껴안아 주고, 쓰다듬어 주었습니다. 그러자 아이가 우울증에서 벗어났어요. 그리고 몇 년 지난 다음에 교회에서 사람을 만났어요. 변호사예요. 진짜 똑똑하고 신앙도 좋은 변호사랑 결혼했어요. 딸이 이혼녀라는 걸 형제와 그 부모가 다 알았는데도 딸을 보고 좋아했어요. 그래요. 딸이 이혼하고 나더니 더 좋은 남자를 만났어요. 그래서 그때 알았어요. 때로는 이혼도 필요하다는 것을요. 고린도전서 7장에 이런 말씀이 있습니다.

> "혹 믿지 아니하는 자가 갈리거든 갈리게 하라 형제나 자매나 이런 일에 구애될 것이 없느니라 그러나 하나님은 화평 중에서 너희를 부르셨느니라"(고린도전서 7:15).

하나님은 이혼을 원하시지 않지만, 이혼의 연고는 있습니다. 하나님은 이를 정죄하지 않으세요. 도리어 그 아픔을 감싸시며 더 좋은 짝을 예비하십니다. 그래서 우리 딸이 그 구렁텅이에서 벗어나서 더 좋은 남자와 결혼했잖아요. 재혼한 지 벌써 7년이 넘었는데 지금 얼마나 행복하게 사는지 몰라요.

그러니 자매님, 과거를 모두 잊으세요. 우리는 모두 완벽하지 않아요. 비록 아픈 경험이지만 이 아픔 덕분에 당신이 변화됩니다. 그러니까 괜찮아요. 과거에 잘못이 있다면 회개하십시오. 그리고 지금부터 다시 시작하면 됩니다. 담대하시기 바랍니다.

믿지 않는 사람은 만나지도 말아야 하나요

Q 하나님께서 주신 배우자의 선택 기준은 믿지 않는 사람은 아예 만나지도 말라는 것인가요?

A 만나기는 해도 사귀지는 말라는 뜻입니다. 사귀다가 좋아지면 나중에 이별하기가 너무 힘들어요. 요즘 종교다원론자나 인본주의자들이 주위에 너무 많아요. 그냥 인간적으로 다가가면 좋아요. 제 딸도 종교다원주의자와 결혼했다가 결국 이혼했습니다. 예수 그리스도의 유일성과 주 되심, 구원의 확신을 꼭 확인하세요. 신앙이 연약한 것과 신앙이 아예 없는 것은 다릅니다. 확인해서 올바른 교제를 하십시오.

그리고 말씀 묵상을 많이 하십시오. 말씀 묵상을 많이 하다 보면 영적인 파워가 생겨요. 영적으로 분별할 수 있게 됩니다. 하나님의 뜻을 알고 싶다면 하나님과 친해지세요. 하나님이 '거시기' 하시면 당신도 금방 '거시기'를 알아들을 수 있을 거예요. QT를 꼭 하세요. 하나님과 친해지는 지름길입니다.

만남에서 결혼까지의 적정 기간은 얼마인가요?

Q 만나서 사귀고 결혼할 때까지의 적정 기간이 있을까요?

A 자주 만나면 6개월 내에 결혼합니다. 일주일에 한 번 정도 만나면 1년 내에 결혼하면 되고요. 2주일에 한 번 만나면 1년 6개월 내에 결혼합니다. 그 다음은 알아서 하세요. 너무 길게 갈 필요 없어요. 그 정도면 거의 압니다. 서로 비전을 나누고, 어느 정도 안다 싶으면 1년 6개월 내에 결혼하세요.

만나고는 있는데 이 사람이 그 사람일까요?

Q 지금 만나는 형제가 하나님이 원하시는 배우자라는 확신이 들지 않아요. 어떻게 하면 알 수 있을까요? 구별법을 알고 싶습니다.

A 아시겠지만, 하나님과 깊은 교제를 하면서 하나님의 음성을 들으

면 이것이 내 욕심인가 아니면 하나님의 소원인가를 깨닫게 됩니다. 내 욕심은 예를 들면 이런 거예요. "다 좋은데 직업이 신통치 않아. 다 좋은데 키가 좀 작아." 이게 하나님의 욕심일까요, 내 욕심일까요? 당연히 내 욕심이죠. 그것을 구별할 수 있는 눈이 있어야 합니다. 자매님이 지금 그 사람과 결혼을 할까 말까 망설이고 있잖아요. 할까 말까 중에서 말까 하는 이유가 무엇인지 하나님 앞에서 펼쳐 보세요. 그것이 하나님께서 보실 때 안 되는 것인지 아니면 자매님 욕심에 안 되는 것인지를 판단하세요. 만약에 자매님 욕심이라면 말까 하는 마음을 내려놓으시고 하나님 마음에 걸릴 문제라면 할까 하는 마음을 포기하세요. 이해되시죠?

어떤 문제든지 하나님 앞에 내려놓고 고민하세요. 그래도 분별이 안 되면 자매님이 신뢰할 수 있는 목사님이나 믿음의 선배를 찾아가세요. 기도를 요청하면서 상담하세요. 혼자서 결정하지는 마세요.

형제를 찾아 큰 교회로 가야 할까요?

Q 20대 후반에 미국에 있으면서 남자 친구의 전도로 교회를 다니게 되었습니다. 미국에서는 교회 청년부의 남녀 비율이 반반이었어요. 그런데 이번에 한

국에 들어오니 믿는 형제를 만나기가 힘듭니다. 인근에 있는 교회는 모두 작은 교회로 자매들뿐이에요. 형제들이 많은 큰 교회를 찾아가야 할까요?

A "예수 믿는 형제가 너무 적은데 어떻게 하나! 결혼하기 힘드네." 그런 염려 하지 마세요. 결혼은 통계로 하는 게 아닙니다. 아무리 많아도 한 사람, 아무리 없어도 한 사람입니다. 한 사람만 고르면 돼요. 큰 교회에 가면 고를 사람이 많을까요? 제가 아주 큰 교회에 가 보니 청년부만 5,000명이에요. 그런데 결혼을 못한 청년들이 많이 있었어요. 너무 많으니까 못 정하더라고요. 그리고 청년들이 자주 만나다 보니 익숙해져서 이성으로 느껴지지 않는다고 합니다. 장점보다는 단점이 눈에 들어오고요. 그래서 "우리 교회엔 사람이 없어!" 합니다. 나의 욕심을 내려놓고 기도하면서 다시 한번 형제 자매를 보세요. 이전에 보지 못했던 장점이 보일 겁니다.

그리고 크리스천 청년들에게 권면하고 싶습니다. 청년 여러분, 적극적인 자세를 가지십시오. "주시겠지, 언젠가는 주시겠지" 하고 가만있는 것은 악하고 게으른 종이자 운명론자입니다. 운명론자는 모든 걸 운명 탓으로 돌립니다. 감나무 아래에서 입을 벌리고 감이 떨어지기를 기다리고 있는 것과 같습니다. 크리스천은 감나무 위로 올라가 감을 따야 합니다. 성경은 구하고 찾고 두드리라고 말씀합니다. 또 부르짖으라고 합니다. 결혼 문제도 마찬가지입니다. 하나님께 구체적으로 구했으면 찾고 두드리고 적극적으로 도전해야 합니다.

왜 크리스천 남자들은
찌질한 거죠?

Q 왜 크리스천 남자들은 찌질할까요? 신앙은 좋은데 그 외 다른 것은 다 보잘것없어요. 패기가 없어 보입니다. 저는 진짜 열심히 사는데…, 크리스천 남자들, 매력 없어요.

A 무엇이 찌질하다는 것인지 잘 생각해 보세요. 세상적인 관점에서 찌질한 건지, 신앙적으로, 성경적으로 찌질한 건지를 보세요. 아니면 그냥 본인의 관점에서 그렇게 보이는 건지 구분하셔야 합니다.

신앙적으로 또 성경적으로 열심히 봉사하고 사람은 괜찮은데, 세상적으로 봤을 때 찌질하다면 괜찮습니다. 여자가 도와주면 남자는 달라집니다. 담대해져요. 그래서 여자가 돕는 배필이라는 거예요. 남자는 아직 완성품이 아닙니다. 원석에 지나지 않아요. 갈고 닦으면 다이아몬드가 됩니다. 그 일을 하라고 여자에게 '돕는 배필'이라는 직함을 주셨어요. 평강 공주가 되시렵니까, 신데렐라가 되시렵니까? 중간은 없어요. 그러니 평강 공주가 되십시오.

또 겉모습도 멀쩡하고 신앙도 좋고 교회에서 봉사도 잘하는데 왠지 맘에 안 든다면 먼저 본인을 살펴보셔야 해요. 질투심 때문인지 아니면 형제의 어떤 모습이 자매님에게 상처가 되고 있지는 않은지 살펴보세요. 단순히 취향의 문제라면 그건 방법이 없어요. 자매님의 취향에 꼭 맞는 사람을 찾든지 아니면 자매님 자신을 바꿔야 해요. 그 전에는 절대로 안 돼요.

다시 말하자면 무엇 때문에 찌질해 보이는지를 점검하세요. 자매님이 도울 수 있는 부분이 있을지도 몰라요. 완전하게 갖춰진 남자는 벌써 다른 자매와 결혼했어요. 지금 좀 부족해 보여도, 무엇 때문에 부족해 보이는지를 보고 돕는 배필이 돼 보라는 것입니다. 너무 세상적인 눈으로 형제를 보지 마세요. 상위 1%의 남자가 당신에게 올 확률은 1%도 안 됩니다.

애매한 한국인이에요.
문화적 차이를 극복할 수 있을까요?

Q 10년 이상 외국에서 살다가 돌아오니 한국인도 아니고 외국인도 아닌 제가 되었습니다. 한국 사람으로서도 이질감을 느끼고, 이민 2세, 3세와도 안 맞습니다. 외국인은 여러 가지 불편한 점이 많아서 싫고…. 이 문화적 차이를 극복할 수 있을까요?

A 당연히 극복할 수 있습니다. 조금 더 살아 보세요. 한국 사람이니까 금방 됩니다. 염려하지 마세요. 저는 미국에서 40년 살았지만 한국에 금방 적응했습니다. 빨리 적응하려면 공동체 활동을 좀 더

적극적으로 해 보라고 권하고 싶네요. 여러 사람이 봉사하는 자리에 가서 참여해 보세요. 성경 공부 모임에도 나가고, 수련회, 여름 성경학교 등에 참여해서 다양한 사람들을 만나면 더 빨리 적응할 수 있을 겁니다. 게다가 그곳에서 좋은 배우자를 만날 수도 있고요. 여러 사람과 적극적으로 활동해 보시기 바랍니다.

비전 때문에
남자를 포기해야 할까 봐요

Q 저는 뚜렷한 비전이 있습니다. 보통 남자들은 제 꿈과 비전을 부담스러워 할 거예요. 그래서 혼자 살려고 합니다.

A 아닙니다. 비전은 내가 만드는 게 아니라 하나님이 주시는 거예요. 그렇기 때문에 하나님께서는 비전을 주시면서 함께할 사람도 준비해 두십니다. 포기하지 마시고 찾아 보세요. 비전이 크면 클수록 더욱 열심히 찾으십시오. 기도하면서 찾으면 어느 날 자매와 똑같은 비전을 품고 있는 형제가 나타날 거예요.

눈만 높아졌어요.
원석을 어떻게 알아보나요?

Q 이성 교제나 결혼에 대한 강의를 듣고 싶으면 최고의 강사나 멘토의 강의를 찾아서 듣는 편입니다. 그러다 보니 막상 원석을 찾기보다는 다이아몬드를 찾으려는 습성도 생기고 눈만 높아져 갑니다. 원석에서 보석을 구분할 방법을 알려 주세요.

A 원석은 투박하고 찌질해 보이고, 다이아몬드는 세련되고 반짝거립니다. 자꾸 만나 보세요. 만나다 보면 찌질한 남자한테서 반짝하는 가능성이 보일 때가 있습니다. 그냥 보면 다 찌질해 보여요. 남자들이 원래 조금 모자랍니다. 그런데 대화하고, 신앙과 비전을 나누다 보면 가능성이 보이는 사람이 있어요. 꿈이 있는 사람이 있습니다.

제가 아내를 처음 만났을 때, 아내는 이미 대학을 졸업해서 아주 훌륭한 직장에 다니고 있었어요. 그래서 주변에 접근하는 멋진 남자들이 많았습니다. 아내가 보기에 저는 촌놈에 찌질한 남자였을 거예요. 그런데 제가 저의 신앙과 비전과 꿈에 대해서 아내에게 이야기하자 아내가 그 꿈과 비전을 함께하자고 했어요. 제 꿈과 비전을 본 아내는 모든 믿지 않는 훌륭한 남자들을 거절하고 저를 선택했습니다. 덕분에 저는 지금 다이아몬드가 되어 가고 있습니다.

이것이 지혜입니다. 그러니까 염려하지 마시고, 그런 사람이 있다는 것을 확신하시기 바랍니다. 어딘가에 있어요. 그 사람을 꼭 찾아서 결혼하시기 바랍니다.

여자의
수동적 공격법은 무엇인가요?

Q 여자는 수동적으로 공격하라고 하셨는데요, 예를 들어 주세요.

A 나의 매력 포인트를 보여 주는 겁니다. 그래서 그 사람이 나에게 올 수 있도록 끌어당기는 거예요. 여자는 끄는 능력이 있어요. 형제가 봉사하는 부서에 가서 늘 성실히 봉사하는 모습을 보여 주세요. 소그룹 모임 때 먼저 챙기는 모습을 보여 주세요. 어쩌다가 한번은 평소와 다른 멋진 모습으로 앞에 나타나세요. 가끔은 본인 간식을 챙기는 척하면서 형제의 간식을 가져다주세요. 우산을 안 가져온 형제에게 은근히 우산을 내밀어 보세요. 이 모든 행동들이 수동적인 공격이 아니겠어요?

장로님은 어떻게
건강한 자아상을 회복하셨나요?

Q 건강한 자아상을 가지는 것이 우선 과제라고 하셨습니다. 장로님도 마음속
깊은 상처가 있으셨을 텐데, 거기서 치유 받고 건강한 자아상을 회복할 수 있
었던 구체적인 방법을 좀 알려 주세요.

A 책 본문 중에 여러 가지로 소개되어 있습니다. 그러나 제 인생에
대해서 더 깊이 알고 싶으시다면 제가 집필한 책 《비전 인생》(두란
노)을 읽어 보시기 바랍니다. 열등감에서 벗어난 이야기를 자세하
게 기록해 두었습니다. 자아상이 나쁘면 아무것도 할 수 없다는 것
을 명심하시기 바랍니다.

매번 차이기 전에
먼저 차요

Q 저는 남자 친구를 사귈 때마다 그가 나를 떠날 것 같다는 생각이 들어서 제가
먼저 떠나 버리곤 합니다. 거절감 때문인지도 모르겠어요. 이 문제를 어떻게
해결하면 좋을까요?

A 네, 맞아요. 거절감 때문입니다. "내가 좋아하기 시작했는데, 저 남
자가 날 떠나면 어떡하지. 에이, 내가 먼저 떠나야겠다. 상처 받는
게 싫어." 데이트하면서 이런 생각이 들거나 실제로 자꾸 헤어지는

사람은 꼭 내적 치유를 받으시기 바랍니다. 이미 문제를 알고 있으니 치유가 더 쉬워요. 담대하세요. 하나님은 사랑이십니다. 그러니 염려하지 마세요.

"내가 너희에게 분부한 모든 것을 가르쳐 지키게 하라 볼지어다 내가 세상 끝날까지 너희와 항상 함께 있으리라 하시니라"(마태복음 28:20).

하나님께서 당신에게 이런 배우자를 주실 것입니다. 세상 끝날까지 자매와 항상 함께 있을 배우자를요. 승리하시기 바랍니다.

넌크리스천과의 결혼, 정말 안 되나요?

Q 넌크리스천과는 결혼하지 말라고 하시는데, 제 생각에는 바른 제안이 아닌 듯합니다.

A 아닙니다. 바른 제안입니다. 왜냐하면 넌크리스천은 영적으로 말하면 시체와 다름없기 때문입니다. 시체를 등에 업고 교회에 나오는 것이 얼마나 힘들겠습니까? 제가 여러 사람을 상담해 봤습니다. 결혼 생활을 힘들게 이어 가는 사람들이 너무 많아요. 그런 힘

든 길은 애초에 가지 않기를 바랍니다. 결혼해서 교회 나가겠다고 약속해 놓고 안 나가는 경우가 너무 많고, 심지어는 잘 다니던 사람도 안 믿는 배우자 따라 교회를 안 다니는 경우도 많이 봤습니다. 이것만은 양보하지 마십시오.

남자들이 너무 소심해요

Q 40대 자매입니다. 현재 '이혼 싱글 공동체'에 있지만, 형제들이 많음에도 모두 너무 소심해서 다가오려고 하지 않아요. 자매로서 이런 형제들에게 어떤 태도를 취해야 할까요?

A 본문에 자세하게 설명했습니다만 딱 한 사람을 잡으세요. 그리고 그 형제에게 지극정성을 쏟으세요. 들이대는 것은 좋지 않아요. 분위기와 상황을 봐서 접근하세요. 요즘 남자들은 소심하더라고요. 남자를 잘 다독이고, 천천히 분위기를 잡은 다음에는 망설이지 말고 서둘러서 날짜 잡고 결혼식을 올리세요.

남자들은 군대에 가면 유격 훈련을 합니다. 높은 곳에서 뛰어내릴 때 망설이고 겁먹고 주저주저하면 어떻게 하는지 아십니까? 그럴 때 조교가 뒤에서 그냥 확 밀어 버립니다. 그러면 잘 내려옵니다. 성공해요. 그런 식으로 하면 됩니다. 그러나 아무하고나 그렇게 하면 안 되고요, 잘 골라서 신중하게 하세요.

미래의 배우자에게
과거를 털어놔야 하나요?

Q 과거에 있었던 연애 경험과 성 경험이 결혼 후에 장애가 될까 봐 걱정됩니다. 개
인적으로 극복하려고 열심히 노력하고 있습니다. 배우자에게 이런 사실을 털어놔
야 하나요?

A 단도직입적으로 말해서, 털어놓을 필요 없습니다. 당신이 진정으
로 회개했으면 하나님은 다 용서하셨어요. 그러니까 얘기할 필요
없어요.

> "또 그들의 죄와 그들의 불법을 내가 다시 기억하지 아니하리라
> 하셨으니"(히브리서 10:17).

그런데 어떤 사람은 말하지 않으면 속이는 것이라고 생각합니
다. 그래서 양심의 가책을 느끼고 괴로워해요. 그럴 것 같으면 결
혼 전에 얘기하세요. 그리고 상대방이 열 내면 결혼하지 마세요.
평생 동안 올무가 됩니다. 그런데 "괜찮다. 지난 것은 잊어버리자.
하나님 앞에 순결한 사람은 하나도 없다. 우리는 다 죄인이다. 우

리 과거를 잊고 새 출발하자"라고 하면 결혼하세요. 이런 예가 너무나 많습니다. 참 중요한 질문이에요. 잊어버리고 결혼하세요. 담대하세요. 하나님이 용서하셨으면 된 겁니다.

신앙생활은 별로인 크리스천, 만나야 할까요?

Q 상대방을 적극적으로 구하라고 하셨습니다. 그런데 상대가 크리스천이지만 신앙생활은 별로인 것 같아요. 그래도 만날 필요가 있을까요? 교회에는 정말 형제가 없네요.

A 물론 신앙까지 좋으면 최고지만 그래도 안 믿는 사람보다는 좋습니다. 그러나 마음에 썩 들지 않는데 억지로 접근하지는 마세요. 대신 여러 사람에게 소개해 달라고 말씀하세요. 목사님에게도 권사님에게도 장로님에게도 말씀드리세요. 자꾸 선전하세요. 그런 분들이 소개해 주는 신앙 좋은 사람은 괜찮아요. 좋아요. 소개해 주면 만나세요. 그냥 소개해 달라고 하지 말고 "나 이런 사람이에요"하며 소개도 잘하세요. 자신을 알려야 해요. 신앙 중심으로 하시면 됩니다.

과거의 일로
양심에 가책이 있어요

Q 나이가 있어서 3개월 교제하고 바로 결혼했습니다. 그런데 결혼 후 남편이
한 번도 성관계에 성공하지 못하고 발기가 되지 않아 병원에 가야 하는데 시
댁과 많은 트러블이 있었어요. 그래서 혼인신고를 하지 않은 채 그대로 헤어
졌습니다. 교회를 옮겨서 활동 중인데 호감을 표현하는 형제가 나타났습니다.
하지만 이 형제가 상처를 받을까 봐 받아들이지 못하고 있어요. 서류상으로도
실제로도 처녀인데 그 일 때문에 양심에 묶여 남자를 못 만나고 또 만나는 것
도 겁이 납니다.

A 겁내지 마세요. 괜찮아요. 어쩔 수 없는 상황에서 그렇게 된 거니
괜찮아요. 그러나 자매가 잘못한 것이 있으면 하나님 앞에서 진심
으로 회개하세요. 그러면 하나님께서 용서해 주십니다. 그리고 담
대하고 뻔뻔하게 결혼하십시오. 우리 크리스천들은 뻔뻔해야 돼
요. 그래도 됩니다. 전심으로 회개한다면 하나님께서는 모두 용서
해 주십니다.

아이들은 잘못을 저지르고 회개하고 또 저지릅니다. 그래도 부
모 앞에서 얼마나 뻔뻔합니까? 하지만 부모도 아이들에게 뻔뻔하
다고 혼내지 않아요. 몇 번이고 용서해 줍니다. 그런데 한 아들이
아빠에게 잘못을 빌었어요.

"그래, 용서해 줄게. 나가서 놀아."

그런데 한 5분 있다가 아들이 다시 와서 말해요.

"아버지, 용서해 주세요. 제가 잘못했어요."

"아까 용서해 주었으니까 나가 놀아."

"고마워요."

그리고 10분쯤 있다가 또 와서 말합니다.

"아버지, 또 용서해 주세요. 아무리 해도 저는 나쁜 놈이에요."

이 아이가 착한 아이입니까, 나쁜 아이입니까? 아빠가 용서를 몇 번이나 해 주었는데도 또 와서 '용서해 주세요'라고 하면 어떻겠어요? 우리 크리스천은 조금 뻔뻔해야 됩니다. 하나님은 그걸 좋아하세요. 물론 그렇다고 해서 자꾸 죄지으면 안 돼요. 그건 회개하지 않은 거예요. 우리는 하나님 앞에서 당당해야 해요. 하나님께서 모두 용서하셨으니까요. 당당하게 하세요.

이미 다 정해져 있다면
뭐 하러 기도하죠?

Q 하나님이 이미 예비해 놓으신 배우자가 있다면 어떤 사람을 만나게 될지 두렵습니다. 그러면 배우자 기도를 할 필요가 있나요?

A "구하라 그리하면 너희에게 주실 것이요 찾으라 그리하면 찾아낼 것이요 문을 두드리라 그리하면 너희에게 열릴 것이니 구하는 이마다

받을 것이요 찾는 이는 찾아낼 것이요 두드리는 이에게는 열릴 것이니라"(마태복음 7:7-8).

하나님께서는 "내가 이미 다 정해 놓았으니 너는 무조건 이 사람과 결혼해라" 하고 무지막지하게 말씀하시는 분이 아닙니다. 하나님은 당신에게 딱 맞는 짝이 누구인지 아십니다. 그래서 보내주시기도 하지만 중요한 것은 당신에게 선택권이 있다는 것입니다. 거절할 수도 있고 선택할 수도 있습니다. 하나님께 온전히 맡긴다면 최선이지만, 기도로 하나님과 교제하는 가운데 선택하십시오. 적극적으로 기도로 아뢰시고 하나님과 합동작전을 펼치세요. 아무것도 하지 않으면 정말 아무 일도 일어나지 않습니다.

팩트는 괜찮은데
필이 부족해요

Q 저를 좋아하는 사람이 있습니다. 그런데 저는 그 사람이 맘에 들지는 않아요. 좋은 사람임에는 틀림없는데…. 어떻게 하면 좋을까요?

A 사귀어 보세요. 건강하게 사귀어 보세요. 당신의 느낌이나 생각은 내려놓고 만나보세요. 필(feel)이 아니라 팩트(fact)를 보세요. 어쩌면 만나는 중에 그의 매력을 새롭게 발견하고 필이 생길지도 모릅니

다. 그의 좋은 점을 보면서 적극적으로 사귀어 보세요. 함부로 거절하지 마세요. 기회를 찾으세요.

실제적인 가장이라 짐이 너무 많아요

Q 저는 집안의 경제를 책임지고 있어서 결혼할 엄두를 못 내고 있습니다. 결혼 비용도 자신이 없습니다. 이대로 집안을 섬기며 살아야 할까요, 어떻게 하는 게 좋을까요?

A 지금 재정적으로 너무 힘들고, 가장으로서 집안을 보살펴야 할 처지에 놓인 분들이 많습니다. 그런데 먼저 생각해야 할 것은 함께 가정을 섬길 수 있는 배우자가 있다는 것입니다. 사람을 찾으세요. 그리고 상대에게 솔직하게 이야기하세요. 사실 요즘처럼 맞벌이를 원하고 재정적으로 궁핍한 걸 싫어하는 때에 이런 이야기를 하면 많이 거절당할 거예요.

그래도 저는 결혼을 포기하라는 말은 하지 못하겠습니다. 하나님께서는 당신의 사정을 다 아십니다. 가장 좋은 배우자를 예비하고 계실 거예요. 하지만 마냥 기다리면 오지도 않고 선택할 수도 없어요. 힘들더라도 공동체에서 목사님이나 멘토에게 소개해 달라고 말씀하세요. 함께 가정을 세울 배우자를 찾으세요.

저는 며느리가 시집올 때 아무것도 가져오지 말라고 했습니다. 그리고 정말 아주 검소하고 돈 안 드는 결혼식을 했어요. 결혼 비용도 최소로 줄일 방법이 있습니다. 돈은 없지만 할 수 있는 방법은 찾으면 얼마든지 있어요. 배우자감을 만나게 되면 미리미리 이야기를 나누고 함께 준비하세요. 당신은 할 수 있습니다.

주위에서 교제를 말리는데 어떻게 해요?

Q 친구들에게 이성친구를 소개했는데 부정적인 반응을 보입니다. "네가 아깝다. 훨씬 좋은 사람을 만날 수 있다"고 충고를 하니 마음이 많이 흔들립니다.

A 친구들의 말에 흔들리지 말고 직접 이성친구를 만나서 확인하십시오. 이러저러한 소문이 들리던데 그게 사실이냐 묻고 그의 대답을 들어보십시오. 분별이 중요합니다. 친구들이 시기해서 그런 말을 하는 것일 수도 있고, 잘못된 정보로 그런 판단을 할 수도 있는 것입니다. 내가 주도권을 가지고 그 사람을 분별해야 합니다. 그의 부족함을 내가 감당할 수 있는가를 살피십시오. 친구의 말 한마디에 흔들릴 정도라면 결혼을 해서는 수도 없이 흔들릴 것입니다. 가정을 이룬다는 것은 사랑의 결단이 기초석이 되어야 합니다. 사랑은 감정이 아니라 결단입니다. 결혼 후에는 생각지 못한 많은 암초

들이 있습니다. 그때마다 배우자를 탓하며 원망하겠습니까? 배우자는 어려울 때 함께 손을 잡고 헤쳐 갈 동역자가 되어야 합니다.

교제하는 형제가 결혼을 미룹니다

Q 교제하고 있는 형제가 돈을 좀더 번 후에 결혼하자, 상황이 어렵지 않느냐면서 결혼을 미루는데, 이 사람이 저를 사랑하는지 의심이 생기고, 나이를 먹다 보니 결혼에 대한 압박이 심합니다. 어떻게 해야 하나요?

A 경제적인 어려움 때문이라면 결혼을 미루지 마십시오. 젊은 나이에 어떻게 경제적으로 여유가 있겠습니까. 여유가 없으니 더욱 결혼해야 합니다. 결혼하면 둘이 버니 한 사람 분을 저축할 수 있습니다. 또 혼자 있을 때는 필요한 걸 거리낌 없이 구입하고 돈을 절제하지 못할 때가 많습니다. 그러나 결혼하고 나면 갑자기 자린고비가 되어 절약하고 절제하기 시작합니다. 왜냐면 집도 마련해야 하고, 아이 양육비 등 쓸 데가 많아져 함부로 쓸 수 없기 때문입니다. 돈이 없어 결혼을 못한다는 건 착각입니다. 형제에게 이렇게 이야기하면 결혼을 결단할 것입니다. 그러나 그럼에도 결혼을 미루는 형제라면 자매와 결혼할 마음이 없는 건 아닌지 점검해 보십시오. 이걸 분별할 줄 알아야 합니다.

믿음의 중심이 있는
그 사람을 만나십시오

제가 24살이라는 비교적 이른 나이에 결혼을 한 후 벌써 48년째 아내와 살고 있습니다. 우리 부부는 결혼 후에 서로 맞춰 가느라 싸움도 많이 하고 위기의 순간을 겪기도 했지만, 하나님이 짝지어 주신 배필이기에 신앙 안에서 위기를 잘 극복하고 성품도 다듬어져 지금까지 잘 살고 있습니다.

제 아내는 맨처음엔 와이프로 불렸습니다. 아이들을 키울 땐 애엄마로 불리다 아이들이 크고 나서는 마누라가 되었습니다. 좀더 친밀해졌지요. 아이들이 분가하고 나서는 동반자, 동역자가 되었다가 지금은 친한 친구가 되었습니다. 저희 부부는 요즘 함께 운동도 하고 사역지에도 같이 다닙니다. 매일 보는 아내이지만 얼마나 사랑스러운지 모릅니다.

이처럼 우리 부부는 돕는 배필로서 서로를 성장시키고 있습니다. 부족한 사람들이 만나 점점 주님의 형상을 닮아 가고 있습니다.

결혼이 늦어지는 문화가 당연시되고 있는 이 시대를 보며 저는 탄식이 저절로 나옵니다. 배움이 길어지고 취업문이 좁아져 사회에 첫발을 내딛는 시기가 늦어진 사회 현실이 안타깝습니다. 새 기술, 새 정보의 홍수 속에서 제 몫을 해내기 위해 애쓰는 젊은이들을 보면 대견한 마음이 들기도 합니다. 자립정신으로 결혼 자금을 준비하려 결혼 시기를 늦춰 잡는 철든 젊은이들도 많이 보았습니다. 그러나 이제 믿음의 눈으로 결혼의 문제를 재조명해 보시기 바랍니다.

크리스천은 '믿음의 가정'을 이뤄 다음 세대에 신앙을 전해야 할 사명을 받은 존재입니다. 혹시 우리 안에 세속적 가치관이 스며들어 세상의 흐름을 따라가고 있는 것이 아닌지 점검해 보아야 합니다. 잘못된 생각이나 이기심 혹은 욕심 때문에 눈을 가리고 있는 것은 아닌지 지혜의 거울에 비추어 보아야 합니다. 좌우에 하나님이 보내 주신 좋은 배우자감을 두고도 서로를 알아보지 못하고 언제까지 이 땅에 없을지도 모를 이상형 목록만 바라보고 있겠습니까? 신문을 보니 1학년 입학생이 없는 초등학교가 늘고 있다고 합니다. 이대로 가면 우리나라의 미래는 장담할 수 없습니다.

　괜찮은 크리스천 남녀가 결혼 적령기를 넘어 독신으로 살고 있는 것은 선배 세대인 우리의 잘못인 것 같아 마음이 아픕니다. 좋은 멘토, 좋은 모델이 되어 주지 못 하고 "이런 남자를 만나라", "이런 여자를 만나라"며 잘못된 훈수만 두었습니다. 심지어 교회 강단에 선 유명 강사들조차 세상적 풍조에 따른 결혼 가치관을 크리스천 청년들에게 심어 주었습니다. 그렇게 이성을 만나 결혼했다가는 하나님에게서 멀어지고 고통과 아픔을 겪기 일쑤입니다.

　이 책을 통해 바른 소망을 갖고 결혼하는 지체들이 우후죽순처럼 생겨나기를 간절히 기도합니다.

　다시 한 번 말씀 드립니다. 이상적인 배필이 아니라 도와 주면 이상적인 배필이 될 가능성이 있는 배우자를 찾으십시오. 세속적인 가치관이 아니라 하나님을 진정 사랑하는 그의 '믿음의 중심'을 보기 위해 노력하는 여러분이 되길 바랍니다. 부족한 사람들끼리 만나 성장해 가는 기쁨을 누리십시오. 오포 시대라 불릴 만큼 척박한 현실이지만 하나님의 사람들은 현실이 아니라 하나님을 보고 살아야 합니다. 많은 크리스천 젊은이들이 결혼하여 건강한 가정을 뿌리내리길 간절히 기도합니다.